Gerhard A. Spiller   Ich grüße den Uhu

Gerhard A. Spiller

Ich grüße den Uhu

Fechsungen für die Sippungen der Schlaraffia

Bibliografische Information der Deutschen Nationalbibliothek: Die Deutsche Nationalbibliothek verzeichnet diese Publikation in der Deutschen Nationalbibliografie, detaillierte bibliografische Daten sind im Internet über http://dnb.dnb.de abrufbar.

© 2019 Gerhard A. Spiller
Herstellung und Verlag: BoD – Books on Demand, Norderstedt
Printed in Germany
ISBN 978-3741293634
Titelfoto: Gerhard A. Spiller

Vom gleichen Autor sind bei BoD erschienen:

Elysische Impressionen, Ausgewählte Haiku.
ISBN 978-3-7392-6893-4

Sinnliche Holdseligkeit, Liebeslyrik in Form von Haiku.
ISBN 978-3-7412-7164-9

Gerhard A. Spiller wurde 1964 im niedersächsischen Ölsburg geboren. Nach einer Verwaltungsausbildung in Peine und dem Studium der Verwaltungswissenschaft in Konstanz am Bodensee arbeitet er seit 1994 als Kommunalbeamter in der Peiner Kreisverwaltung. Seit dem 26. im Ostermond 157 ist er Schlaraffe im Castellum Peinense.
Besuchen Sie ihn auf: www.gerhard-spiller.de

Vorwort

Als ich zur Schlaraffia im Castellum Peinense stieß, faszinierte mich ganz besonders die Qualität der dort vorgetragenen literarischen und musikalischen Beiträge, die man Fechsungen nennt. Als Hobbyschriftsteller erkannte ich die Mühe und Hingabe, die von jedem einzelnen Verfasser in die Texte investiert wird. Im Laufe meiner ersten Jahre in der Schlaraffia habe ich ebenfalls zahlreiche Texte verfasst, die ich bei den schlaraffischen Zusammenkünften, die man Sippungen nennt, vorgestellt habe. Das bedeutete nicht nur eine große Herausforderung, sondern beinhaltete zugleich die Chance, die Wirkung meiner Werke auf interessierte Zuhörer prüfen zu können.

Auf diese Weise haben sich zahlreiche Texte angesammelt. Da fast jede Sippung einem bestimmten Thema gewidmet ist, ist ihre Bandbreite recht weit gefasst. Es wäre schade, wenn die Geschichten und Gedichte nur einmalig in der jeweiligen Sippung zugänglich sein würden, weshalb mir der Gedanke gekommen ist, sie in Buchform herauszugeben. Damit verbunden ist die Hoffnung, dass sie auch lange nach ihrer Entstehung und außerhalb einer Sippung Freude bereiten werden.

Ölsburg, im Wonnemond a.U. 160
Gerhard A. Spiller

Fechsung 1
Weltentöne und Schlaraffensprache

Babylonisches Sprachgewirr umwabert mich täglich: Zu mir bekannten und unbekannten Sprachen gesellen sich Mischtöne wie beispielsweise ‚Kiez-Sprech' oder Gemische aus mehreren Sprachen, wobei es angesichts der Sprachenvielfalt beinahe unendlich viele Kombinationsmöglichkeiten gibt. Diese ‚Slangsprachen' sind überall zu hören.

Fast allen von ihnen ist gemein, dass sie das jeweilige Anliegen präzise kundtun und überflüssige Satzbausteine sowie Höflichkeiten und Förmlichkeiten weglassen, während Fäkalausdrücke und beleidigende Anreden zum ‚guten Ton' zu gehören scheinen. Als Beispiel mag der von Effizienz geprägte Satz dienen: „Geh Bahnhof, kommst du?".

Aber immerhin sprechen diese Leute noch mittels ihrer Stimmbänder zu einem realen Gegenüber, denn andere ‚reden' nur noch schriftlich miteinander – via Smartphone in Twitter-Kurzsprache, „weil es doch schneller geht". Man stelle sich einmal den Briefwechsel von Hermann Stehr mit Gerhart Hauptmann in Briefen von jeweils 147 Zeichen vor…

Schlaraffensprache ist heutzutage in der Öffentlichkeit nicht sehr verbreitet und daher wohl ebenfalls den ‚Slangsprachen' zuzuordnen. Damit befindet sie sich in einem Konkurrenzverhältnis zu den anderen Formen der Artikulation. Die formvollendeten Anreden und wohlgeformten, vor allem aber ganzen (!) Sätze des ‚Schlaraffischen' sind für die heutige schnelllebige Zeit sehr ungewöhnlich. Dennoch ist der Klang der Worte, der Walter von der Vogelweide, Wolfram von Eschenbach oder Hans Sachs in Entzücken versetzen würde, wohltuend. Nicht auszudenken, wenn eine Sippung in ‚Kiez-Sprech' oder gar via Twitter über eine ‚Schlaraffen-App' laufen würde. Bleibt zu hoffen, dass die Perfektion der Schlaraffensprache die ‚Slang- oder

Kurzformsprachen' lange überleben wird...

>Schlaraffensprache:
>Ungewohnte Laute,
>fremd, und doch nicht fremd.

Fechsung 2
Veränderungen im Mai

Es war ein sonniger Tag im Mai. Manfred kam von der Arbeit heim und suchte im Haus nach seiner Frau. Er fand sie nicht. Also setzte er sich auf das Sofa und vertiefte sich in die Zeitung.
Gerade als er mit der Zeitung fertig war, erschien seine Frau Sabine in der Tür. Sie wirkte etwas aufgeregt, weshalb sich ihr Mann sofort besorgt erkundigte, ob alles in Ordnung sei.
„Ja", erwiderte sie, „mit mir ist alles in Ordnung, nur – der Wagen ist kaputt."
Manfred staunte: „Wie kann das denn sein, der war doch erst vor einem Monat in der Werkstatt zur Inspektion!?"
„Ich hatte einen Unfall", antwortete Sabine. Als sie seinen besorgten Blick sah, fügte sie rasch hinzu: „Es ist aber niemandem etwas passiert. Nur das Auto ist halt ziemlich hinüber."
„Was verstehst du unter ‚ziemlich hinüber'?"
„Nun ja", erklärte sie, „der Wagen ist so kaputt, wie man es erwartet, wenn man einem anderen hintendrauf fährt."
„Wie konnte das denn passieren?"
„Ach, na ja, die Ampel wurde Gelb und mein Vordermann ging in die Bremsen. Wahrscheinlich waren er und sein Kollege der Meinung, als Polizisten eine Vorbildfunktion zu haben, zumal in einem Streifenwagen. Das ist zwar gut und schön, aber ich dachte, er fährt noch rüber und ich hätte es sicher auch noch geschafft, aber als er bremste, konnte ich das nicht mehr – und bin ihnen hinten aufgefahren – nicht mal mein Telefonat konnte ich richtig beenden."
„Und dann?"

„Bin ich rasch aus dem Auto gesprungen und bevor sich die beiden Beamten von ihrer Überraschung erholt hatten, war ich schon durch die Vorgärten entkommen."

„Du bist abgehauen? Spinnst du? Die kriegen dich doch sofort durch das Kennzeichen."

Sabine grinste überlegen: „Deshalb habe ich ja auch deinen Führerschein in den Fußraum der Fahrerseite geworfen."

„Du hast WAS getan? Wieso schiebst du MIR die Schuld in die Schuhe?"

„Weil du nüchtern bist. Wenn sie mich als Fahrerin identifizieren, bin ich auch noch wegen Fahrens unter Alkoholeinfluss dran."

„Aber... wo und warum hast du denn Alkohol getrunken?"

„In der Villa. Der Makler hat zur Feier des Hauskaufs eine Flasche Champagner ausgegeben, und davon habe ich wohl eine Winzigkeit zuviel getrunken."

„Hauskauf? Was für ein Hauskauf?", fragte Manfred verdutzt.

„Ich habe eine Villa im Vorort gekauft."

„WAAS? Wieso? Und vor allem: wovon?"

„Ich habe dieses Haus an den Makler verkauft. Das hat zwar nicht gereicht, aber den Rest habe ich von unserem Ersparten genommen."

Jetzt lachte Manfred: „Ich verstehe, das ist ein Spaß! Ohne meine Unterschrift könntest du dieses Haus niemals verkaufen!"

Jetzt lachte Sabine überlegen: „Erinnerst du dich noch an die vielen Antwortbriefe, die wir an die Gratulanten zu unserem zwanzigsten Hochzeitstag geschickt haben?"

An diesen Berg Papier konnte sich Manfred sehr genau erinnern. Noch heute überlief ihn ein Schauer, wenn er nur daran dachte. Nur gut, dass Sabine ihm die ganze lästige Schreibarbeit abgenommen hatte.

„Es waren nicht nur Antwortbriefe", erklärte ihm jetzt seine Frau, „ich habe ein paar weiße Blatt Papier darunter gemogelt, auf die du deine Unterschrift gesetzt hast. Darüber habe ich dann Vollmachten geschrieben. Das habe ich mal in einem Film mit diesem temperamentvollen französischen Komiker gesehen.¹

„Ja, aber...", stammelte Manfred, „was sollen wir denn mit einer Villa? Ich fühle mich hier doch wohl?"

„Du kannst ja auch hier bleiben - zumindest solange dich der Makler lässt, denn die Villa habe ich für mich gekauft."

„Was? Warum?"

„Weil ich mit meinem Freund zusammenziehen werde. Ach ja: Die Scheidung hat mein Anwalt heute in meinem Namen beantragt. Du weißt doch, wie es im Volksmund heißt: ‚Alles Neu macht der Mai'. Also dann: Mach's gut!"

Damit entschwand sie. Manfred saß käsebleich auf dem Sofa, er schien in eine Art Schockstarre verfallen zu sein. Daraus erwachte er erst, als es an der Haustür klingelte. Wie in Trance ging er in den Flur und öffnete. Vor ihm standen zwei grimmig dreinblickende Polizisten, von denen einer Manfreds Führerschein in der Hand hielt...²

Fazit: Alles neu macht der Mai, aber das Neue gefällt nicht jedem.

<u>Anmerkungen:</u>

1 Damit meint sie Louis de Funès. Der Film des Regisseurs Molinaro heißt ‚Oskar' und stammt aus dem profanen Jahr 1967 (= a.U.108).

2 Ja, der aufmerksame Leser hat richtig bemerkt, dass mich zu diesem Text der Sketch um die Kuh Elsa in der Serie ‚Nonstop Nonsens' von Dieter Hallervorden inspiriert hat.

Fechsung 3.1
Die Entstehung von roter und weißer Lethe

Zu einer wirklich guten Fete
gehören viele Flaschen Lethe.
Diesen gibt's in Rot und Weiß,
warum, erklärte mir ein Greis:

„Dereinst die Lethe war nur blau,
sie schmeckte gut und machte schlau.
Doch kam dann ein gar komisch' Jahr,
danach alles ganz anders war:

In einem Weinstock mit viel Reben
waren Trauben schön am Streben,
aus denen sollt' werden blauer Wein,
geschmacklich, aromatisch fein.

Doch in den Reben für die Lethe
waren Gregor und die Margarethe.
Sie wollten sich vergnügen fein
Und deshalb gern alleine sein.

Sie eilten drum zum Ort der Stille,
wo sprach er: „Du hast an der Wäsche ville"(1)
und ruckdizuck eh' man's versah
standen beide ohne alles da.

Nun gab's kein Zaudern und kein Halten,
der Liebe Lust tat sich entfalten,
und beide hatten viel Geschick
und brachten sich den richt'gen Kick.

Da wurden viele Trauben rot vor Schreck,
weil sie sehen mussten diesen Dreck.
Im Nachbarstock der Trauben Kleid
wurd' wegen mieser Sicht ganz grün vor Neid.

Nun ist uns nicht bekannt,
wie all die Trauben im ganzen Land
von dieser schlimmen Kunde hörten,
sich nun an blauer Lethe störten.

Das Ergebnis ist ganz klar,
die Lethe nicht mehr bläulich war,
von Stund an aus der Presse kam:
Weiß vor Neid und Rot vor Scham.

Und so sind Gregor und die Margarethe
schuld an weißer und auch roter Lethe,
weil die Lust sie überkam
und er sie in 'nem Weinstock nahm."

Und die Moral von der Geschicht':
Treib es in einem Weinstock nicht,
geh lieber in eines Hauses Zimmer,
dann störst du keine Trauben nimmer.

<u>Anmerkung</u>

1 Das Wort ‚ville' könnte man als Sprachfehler von Gregor werten, aber es könnte auch des Reimes wegen verwendet worden sein.

Fechsung 3.2
Des Weinstocks Trauer

Stolz erhebt sich eine Rebe,
strebt empor zum Sonnenlicht,
sie möchte, dass die Traube lebe
ob rot, ob weiß interessiert sie nicht.

Doch anders ist des Menschen Streben,
sie wollen trinken köstlich' Wein,
und mancher tut sein ganzes Leben
der Aufzucht seiner Reben weihn.

Und ist die Erntezeit gekommen
landen Trauben in der Kiepe
und die Rebe ganz benommen
reagiert mit tonlosem Gefiepe.

Der Weinstock bleibt zurück voll Schmerzen,
er trauert nach den Trauben, seinen Kindern,
und wartet mit gebrochnem Herzen,
dass Zeitlauf tut sein Leiden lindern.

Den Winzern dagegen geht auf das Herz,
sie füllen Schläuche und die Flaschen,
treiben dabei gar manchen Scherz,
hören klimpern Geld in ihren Taschen.

So neigt das Jahr zum Ende sich,
das Herz des Rebstocks tut vernarben,
die Menschen feiern königlich
und tun am Wein sich tüchtig laben.

Im neuen Jahr geht's wieder los,
im Weinstock neue Trauben sprießen,
und des Menschen Freud ist groß,
denn er sieht neuen Weinstrom fließen.

So ist der Lauf der Weltendinge,
der Trauben Los ist hart, nicht weich,
sie springen über des Schneidmessers Klinge,
ob rot, ob weiß – das ist am Ende gleich.

Fechsung 4
Ballade von der alten Eiche
(Zum Gedenken an die alte Eiche im Bolzberg bei Gadenstedt)

Draußen vor dem kleinen Dorfe
ein kleines Wäldchen stille liegt,
darinnen eine Eiche steht,
sehr alt, gar mächtig anzuschaun.

Die Eiche hat schon viel gesehn
in ihrer Lebensspanne:
Freude, Not und Elend viel
in der Menschen kleinem Dorfe.

Doch nun, an einem lauschig Abend,
drei Burschen nähern sich dem Wald,
bepackt mit Schnaps und Zigaretten
am Fuß der Eiche sie kampieren.

Der Eiche ist nicht wohl dabei,
ihr die Gesellen nicht behagen,
die mit derbem Spiel und Scherz
sich tun die Zeit vertreiben.

Als rohe Hände Äste brechen,
Käfer quälen, Pflanzen rupfen
ergreift die Eiche Todesangst
und tonlos sie fleht um Hilfe.

Ihr tonlos' Ruf fegt durch die Nacht,
rastlos er sucht nach Hilfe,
derweil der alten Eiche Stamm
von rohen Menschen wird gequält.

Im Harz da hat es große Wälder,
Dryaden wohnen dort zuhauf,
als Nymphen und auch Baumbewohner
sie erhörn des Baumes Flehn.

In Scharen eilen sie herbei,
doch sind sie noch gar fern,
als der Rädelsführer spricht:
„Wir wolln den Baum nun brennen sehn!"

Von ferne die Dryadenschar
den Feuerschein kann sehn,
dazu sie kann glasklar vernehm'
des alten Baumes Schmerzgestöhn.

Schon gellt im Dorfe die Sirene,
die Feuerwehr rückt aus,
noch schneller sind die Dörfler,
ein jeder eilt zu Hülf.

Gewaltig ist der Helfer Schar,
die löschen will die Flammen,
jedoch der Baum ist nicht zu retten,
er stirbt den grässlich' Feuertod.

Die Täter aber dreist und frech
verschwinden unerkannt,
kein Mensch sie jemals würde finden,
so bleibt ihr Frevel ungerächt.

Ungerächt? O nein, nicht ganz,
die Nachbarbäume beschreiben sie
und von Stund an alle Bäume
beginnen mit der Menschenjagd.

Nur kurz nach ihrer Freveltat
die Bäume die Täter finden,
verraten sie an die Dryaden,
die blutig' Rache schwören.

Die Natur ist ein mächtig' Feind,
Dryaden sind viel schlimmer,
und binnen einer einzig' Nacht
drei Burschen grausam werden sterben…

Fechsung 5
Gedanken zu Weihnachten

Der Winter ist gekommen und hat die Adventszeit mitgebracht. Auch wenn es heute bei einem Blick nach draußen nicht ganz stimmt, so war es doch früher so:

> Leise weht der Wind,
> treibt Schneeflocken vor sich her,
> lässt sie sanft tanzen.

Zum Zeichen unserer Freude an Weihnachten schmücken wir zudem unsere Wohnzimmer:

> Die große Tanne,
> Zierde ihrer Plantage,
> nun ein Weihnachtsbaum.

und wir backen Kekse:

> Duft von Zimtsternen
> wabert durch das ganze Haus,
> entfacht Feststimmung.

Aber in der Weihnachtszeit herrscht auch Hektik:

> Der Geschenkeinkauf
> sorgt für die größte Hektik
> vor dem Weihnachtsfest.

trotzdem gönnen wir uns Entspannungspausen:

> Trotz großer Kälte:
> Rundgang auf dem Weihnachtsmarkt,
> nun ein Glas Glühwein…

und wir schwelgen in Erinnerungen:

> Auf dem Weihnachtsmarkt
>
> schaut sich ein alter Mann um,
>
> denkt an die Kindheit.

Doch wofür das alles? Weihnachten soll das Fest der Liebe sein, aber sollte diese Liebe nicht das ganze Jahr über bestehen, nämlich die Liebe zu unserer Burgfrau oder Burgwonne, denn

> Die große Liebe
>
> ist des Lebens Höhepunkt,
>
> das Ziel des Strebens.

Und so sollten wir nicht nur in der Weihnachtszeit Liebesbeweise geben, denn

> So süß wie Zucker
>
> klingt das Liebesgeständnis
>
> von ihren Lippen!

Damit die holde Weiblichkeit nicht nur in der Weihnachtszeit einen Grund hat, bei uns zu bleiben, und wir nicht eines Tages stöhnen:

> Die Leidenschaft brennt,
>
> mein Herz verzehrt sich nach dir
>
> - doch du bist nicht hier!

Fechsung 6
Wie sich Zeiten ändern

Silvesternacht ist eine Rauhnacht,
darin die Geister früher hatten Macht,
denn das Geisterreich weit offen stand
und jede Seel' den Ausgang fand.

Dazu sich damals manche Leute
unterschieden von der großen Meute,
denn sie schlossen mit dem Teufel einen Pakt
und waren dann als Werwolf echter Fakt.

An Silvester gab's zudem die wilde Jagd,
davor erzitterten vom Ritter bis zur Magd,
denn wilde Schnitter, kopflos Reiter
erschreckten selbst den kühnsten Streiter.

Heute diese Sagen sind ohne Zukunft,
denn es regiert nur noch Vernunft,
drum haben in Silvesters Rauhnacht
Alkohol und Frohsinn volle Macht.

Heuer dort der Gregor stand
und viel Gefallen an der Bowle fand,
dazu genoss er viele kleine Flirte,
doch dann geriet er an die Birte.

Diese ließ sich nicht lang bitten
zu verstoßen gegen gute Sitten,
und ehe man sich konnt' versehn
in einer Kammer Verschwiegnes war geschehn.

Sie genossen ihre Freude,
fernab der vielen fremden Leute,
und trieben wild bekannten ‚Sport'
an dem verschwiegnen, kleinen Ort.

Gregor das erst Freude machte,
ihm aber rasch Verdruss dann brachte,
der Mann nämlich gebunden war,
sein Weib schon sucht' mit großer Schar.

Das Weib ihn schon sehr lange suchte
und beim Finden sehr laut fluchte,
denn auf den ersten Blick war klar,
dass dort ein Seitensprung geschah.

Das Weib sogleich bereit zum Mord,
gleich hier, an dem verdorbnen Ort,
da wurde rasch dem Gregor klar,
dass Flucht das einzig Wahre war.

Darauf die wilde Jagd begann,
weil's Eheweib auf Rache sann,
und so begann in dieser Nacht
die wilde Jagd, anders als althergebracht.

Statt wie früher offen stand das Geisterreich,
der Mann nur hinter geschlossne Türen weicht,
während damals Geister hatten freudig Ausgang,
dem Gregor war's ums Herz nur bang.

Er hatte einen Pakt geschlossen
mit Birte, völlig unverdrossen,
doch dieser war nicht wohl gehandelt,
zur Furie das Eheweib sich nun gewandelt.

Und am Ende dieser Rauhnacht
war er um seine Eh' gebracht,
doch immerhin war er am Leben,
das war ihm auch das wichtigst' Streben.

Und die Moral von der Geschicht':
Flirte mit Ehering auf schönen Festen nicht,
denn sonst des Weibes Jagd bricht los
und stellt dich vor den Freunden bloß.

In einer solcherart Geschicht'
wir brauchen die alten Geister nicht,
weil's Eheweib wird teufelsgleich
und der Mann dazu gespenstisch bleich.

Fechsung 7
Herzweh

Tief im Herzen wird verwahrt
ein Traum, der einst wie Gold erstrahlt,
doch schlug das Leben zu gar hart
und der Traum ist nun zu Eis erstarrt.

Fechsung 8
Der missverstandene Epikur
(* um 341 v. Chr. auf Samos, † 271 oder 270 v. Chr. in Athen)

Einst im fernen Griechenland
die Schul' des Epikur bestand,
die pries die Lust und nicht die Last,
weshalb sie war bei viel'n verhasst.

Doch Kritiker gern vieles übersehn,
dazu auch manches tun verdrehn,
und so sie all' verstanden nicht,
dass Lust ist nur die Folge von Einsicht.

‚Lust' sind die Bedürfnisse des Lebens,
die Summe des körperlich und geistig Strebens,
die Maßnahmen all' die uns halten gesund
und uns lassen ehrbar sein im örtlichen Verbund.

Für Epikur die Lust erstellt Bilanzen
wie Banken in der Welt unsrer Finanzen,
und das Ergebnis kann sein ein Streben
nach dem bedürfnisarmen Leben.

Das freilich klingt nicht gar so fein,
drum wollen viele anders sein
und mit ganzem Herzen streben
nach einem wilden lustvoll Leben.

In diesem Sinne leert die Humpen,
schluckt herunter der Kuchen Klumpen,
vergnügt euch stets aufs Neue fein
- und lasst den Epikur vergessen sein.

Doch soll das Leben haben einen Sinn,
dann reckt stolz hoch ihr euer Kinn
und ruft laut und gar nicht leise:
„Der Epikur, der war sehr weise!"

Drum lasst ihn nicht vergessen sein,
schenkt also gleich noch Lethe ein,
damit wir trinken auf den Denker
und seine Lehre sei unser künftig Lenker.

Ehe auf Epikur
und ich sag dazu Lulu!

Fechsung 9.1
Karl Kaufmann, genannt Schicke-Schacke,
und die Lust am Essen

Karl Kaufmann war Bote in dieser Stadt,
stets er eine Kiepe auf dem Rücken hatt'.
dazu er trug am Hals ein Tuch in Rot
und war stets auf der Such' nach Brot.

So ihn in Peine jeder kannte,
denn ständig er durch die Gegend rannte,
dabei auch stets nach Essen fragte,
wohl wissend, dass dann niemand zagte.

Viel verdrücken konnt' der Karl
und als man ihn dann hielt mal schmal,
hängt' er sich gleich im Stadtpark auf
- unter den Armen der Schlinge Schlauf'.[1]

Wenn er eilig über die Dörfer eilte
er bei fünf bis sechsen Bauern weilte,
dazu stets er dort zu Mittag aß,
drum galt im Ort er als Vielfraß.

Würd' er noch leben heute,
würden ihn kennen alle Leute,
doch Karl dann eines sicher wüsste:
Beim Landkreis er arbeiten müsste!

Der Landkreis Peine ist nämlich recht groß,
drum wär' viel Arbeit dann sein Los,
doch da der Karl niemals war faul,
er könnt mehr Essen kriegen für sein hungrig Maul.

Doch hat's in den Orten kaum noch Bauern,
bei dem Gedanken tät ihn schauern,
doch durch all die Dörfer gehn
wär' ihm lieber als am Echternplatz zu stehn.

Drum würd' er heute leben,
er würd' mit aller Kraft hinstreben
zu arbeiten beim Kreis in Peine
und um die Stadt tät er nur weine'.[2]

Anmerkungen

1 Es ist überliefert, dass Karl Kaufmann beim Freischießen zu allen Küchen der Korporationen ging und die Reste vom Vortag aufaß. Als er einmal in einer Küche nichts bekam, hängte er sich im Stadtpark auf, allerdings mit der Schlinge unter den Armen. Auf die Frage, warum er sich nicht am Hals aufgehängt habe, soll er geantwortet haben: „Ek bün doch nich dötsch – dat dempet doch!".

2 An dieser Stelle wird auf die jahrzehntelange Fehde zwischen der Stadt Peine und dem Landkreis Peine angespielt, die freilich erst lange nach Karl Kaufmanns Tod begonnen hat.

Fechsung 9.2
Das Wort zum Mittwoch

Freundschaft ist ein hehres Gut,
gerade in Zeiten wie diesen,
drum ist das Ziel der Schlaraffia gewichtig
und möge drum noch lange gelten-

Fechsung 10
Ort der ungestörten Ruhe

Das Barumer Moor ist ein schöner Ort,
drum bin ich auch sehr gerne dort
und tue beim umhere gehn
stets was Neues, Schönes sehn.

Ich schätze dort die Ruhe sehr,
doch das gilt nur, wenn's Moor ist leer.
Zuweilen andre Menschen stören,
sind meistens schon von weit zu hören.

Und hat man eine Lieb' gekürt
und sie dort in das Moor geführt
kann man dort in Ruhe ‚sprechen',
ohn' dass ein Mensch wird unterbrechen.

Flora und Fauna in weiter Runde
sind mit den Liebenden im Bunde
und ewiglich sie alle schweigen
über etwaig wilde Reigen.

Zum Glück die Pflanzen dort sind lichte
und so kann Störer man früh sichte,
doch ‚Sehn' heißt auch ‚gesehen' werden,
drum sollt man sittlich sich gebärden.

Wer das nicht kann oder nicht will
muss eben sein sehr ruhig und still
oder in den Herzberg gehn
- doch da wird man erst recht gesehn.

Fechsung 11
Eine vierbeinige Amazone
(nach einer Idee von Antje Spiller)
Gewidmet Paulas Sieg über zwei Nachbarkater

Paula ist die neue Katze,
zehn Jahre alt mit schwarzem Fell,
sie wohnt seit einem Jahr nun bei uns,
kam vom Tierheim her ins Haus.

Paula liebt den Garten sehr,
vor allem Teich und Birnbaum,
für sie ist alles ihr Revier,
darin sie duldet fremde Kater nicht.

Die beiden Nachbarkater dahingegen,
wuschelig, creme-weißes Fell,
sahen stets den Garten an als ihr Revier,
drum sie zogen nun in einen Krieg.

Beide Hippies stellten Paula,
die sofort ganz giftig fauchte,
doch das die Kater gar nicht störte,
sie waren gar sehr siegsgewiss.

Doch ehe beide sich versah'n,
ging Paula schon zum Angriff über,

aus der kleinen schmächt'gen Katze
wurde eine furchtlos' Kämpferin.

Darob die Hippies war'n verblüfft,
und schon sie kosteten Paulas Krallen,
in Büscheln flog das Hippiefell,
und man sah den ersten Kater flüchten.

Der Zweite wollte weiter kämpfen,
doch Paula tat ihn derb verdreschen,
so dass am End auch er tat flüchten
und Paula nun war Siegerin.

Seitdem sie hat ein schönes Reich,
das sie genießt in vollen Zügen,
die Hippies nur noch selten kommen,
wenn klar ist: Paula ist im Haus!

Fechsung 12
Foxi sieht herab
Gewidmet unserer verstorbenen Katze Foxi

Foxi war ein Stubentiger,
weiblich, rot mit weißem Latz,
schied vor einem Jahr danieder,
sitzt seitdem auf Wolke Acht.

Von dort sie schaut herab aufs Reich,
das sie nie wirklich hat besessen,
weil sie stets die Schwächste war
in der Nachbarkatzenschar.

Sie sieht ‚Sir' George, den schwarzen Kater,
ihren stets getreuen Mitbewohner,
der, obwohl sie ständig zickte,
auch immer ihr Beschützer war.

Dort schleicht eine Katz des Weges,
Paula nennen sie die Menschen,
diese lebt seit Foxis Heimgang
in der Menschen schönem Reich.

Paula ist zwar Rentnerkatze,
doch Nachbarkater gebt gut Acht,
sie prügelt amazonengleich,
wenn ihr begehrt ihr Gartenreich.

Foxi sieht ein Loch im Boden,
denn wo früher Rasen spross,
ist nun ein Teich, aus dessen Tiefe
gar viele komisch' Laute klingen.

Zwei Frösche sind's, die dorten quaken,
sie sitzen gern auf Teiches Grund,
getarnt durch der Seerose Pracht,
die rot und üppig Schönheit zeigt.

Foxis Blick schweift durch den Garten,
ihr Lieblingsbaum, er steht noch da,
ein Birnbaum ist's mit vielen Zweigen,
vom Alter wohl schon siebzig Jahr.

Der alte Baum war ihr stets heilig,
diente ihr so manches Mal
als Kratzbaum, Sonnendeck und Fluchtburg
vor der fiesen Nachbarkaterschar.

Foxi schaut von ihrer Wolke
dem muntren Treiben lange zu,
bedauert kurz, dass sie nicht hier ist,
dann legt sie wieder sich zur ew'gen Ruh.

<u>Ruhe sanft und in Frieden!</u>

Fechsung 13
Kurze Rede zur Vatertagssippung

Töchter und Väter haben eine enge Bindung,
das ist normal, kostet keine Überwindung,
und so euer Reychsmarschall kann schreiben nieder:
„Zu uns die Peinense kommt wieder und wieder."

Natürlich die Hildesia tut gern uns sehn,
und lässt später uns nur ungern gehn,
denn die Peinense ist gar wohlgeraten,
eine Zier von Allschlaraffias Saaten.

Zudem sie ist gedeihet prächtig,
doch ihre Stellung ist nicht mächtig,
weil sie ist gar sehr bescheiden,
will keinen Kummer machen den Eltern beiden.

Dafür eine Tochter sie gebar,
vermehrte damit der Reyche Schar,
machte diese zu Schlaraffias Zier,
damit wir dran erfreuen uns hier.

Cell-Erika verwahrt das Bögeholz Erbe,
womit sich stets sehr gut lässt werbe,
doch seine Lyrik könnt heut nicht leben,
hätt' es die Peinense nicht gegeben.

So wir haben viel geschafft
und alles stets aus eigner Kraft,
denn Tochter Peinense ist aus gutem Holz,
darauf der Vater kann sein sehr stolz.

Natürlich, ein Taschengeld wär gewesen fein,
es hätte können sein auch gar klein,
doch der Vater pflegte hier den Geiz
doch das nicht hinderlich war für Töchterleins Reiz.

Drum sagt die Tochter Peinense Dank,
hebt die Humpen mit dem köstlich' Trank
und lasst uns auf den Vater trinken
bis wir untern Tisch tun sinken!

Ehe und Lulu!

Fechsung 14.1

Otto Bögeholz in seinen letzten Jahren

Die Forschung zu Leben und Werk von Otto Bögeholz ist erfreulicherweise sehr weit fortgeschritten, aber dennoch gibt es immer noch große Lücken, die geschlossen werden müssen. Während aus den frühen und mittleren Lebensjahren des am 26. November 1805[1] geborenen Dichters schon sehr viel bekannt ist, räumen selbst anerkannte Bögeholz-Experten ein, dass seine letzten Jahre weitgehend unerforscht sind.[2] Für den Zeitraum von 1874 bis zum Tod des Dichters am 1. Juni 1895[3] könnte jedoch ein Fortschritt möglich sein. Mir sind nämlich Auffälligkeiten im Werk des großen, deutschen Autors Karl May aufgefallen, die auf Grund der Art und Anzahl kaum ein Zufall sein können und auf Bögeholz hinzuweisen scheinen.

Wie hinreichend bekannt ist, hat der fast zehnjährige Bögeholz im Jahre 1815[4] einem Sohn der Grafen von Ravensberg das Leben gerettet. Das war der Beginn einer Knabenfreundschaft, die auch die Vermittlung von Bildung auf dem Niveau der Standesschule beinhaltete[5], also über das übliche Maß einer solchen Freundschaft hinausging.[6] Ebenfalls bekannt ist, dass Otto Bögeholz 1827 eine Amerikareise unternommen und dabei seinen Onkel in Kanada besucht hat.[7] Auf dieser Reise dürfte Bögeholz viele Eindrücke von der Landschaft und der Lebensweise der Menschen in Nordamerika bekommen haben. Diese Kenntnisse waren seinerzeit in Europa und damit auch in Deutschland der breiten Masse unbekannt.

Damit komme ich nun zu dem 1842 geborenen und 1912 verstorbenen Karl May.[8] Dieser hat 1874 oder 1875 mit dem Schreiben begonnen, ab 1878 war er freier Schriftsteller.[9] Er wurde durch seine Reiseerzählungen berühmt, die vorwiegend in den USA, Mexiko und dem Orient angesiedelt sind.[10] Dabei ist von großer Bedeutung, dass May sowohl den Orient als auch Amerika zum Zeitpunkt seines schriftstellerischen Schaffens nie besucht hatte, erst gegen Ende seines Lebens holte er die Reisen in den Orient nach, wo die Realität nicht seinen Texten entsprach.[11] Anders verhält es sich hingegen mit Amerika. Woher May seine erstaunlich guten Kenntnisse über den ‚Wilden Westen' hatte, ist bis heute ungeklärt. Anhand mehrerer Indizien hege ich den Verdacht, dass die Reise von Otto Bögeholz auch lange nach ihrem Abschluss über die Grenzen Tatenhausens hinaus Gesprächsstoff war und er deshalb von May kontaktiert worden sein könnte. Angesichts der Detailfülle in den ‚Wild-West-Geschichten' könnte man auch den Verdacht haben, dass Bögeholz höchstselbst die Texte geliefert habe, die von May zwecks Spurenverwischung abgeschrieben worden wären und dadurch in seiner Handschrift erhalten sind. Das würde erklären, warum sich an Mays Entwürfen erstaunlich wenige Korrekturen finden und damit der Eindruck entsteht, dass er seine Werke in beinahe perfekter Form niedergeschrieben habe.[12] Ein Umstand, der den Karl-May-Forschern bislang sehr großes Kopfzerbrechen bereitet, denn nicht einmal Goethe oder Schiller haben dieses unglaubliche Kunststück fertig gebracht.

Damit komme ich zu der Frage, ob es Spuren im Werk des Karl May gibt, die auf eine Beratung durch oder gar Urheberschaft der Amerikageschichten von Otto Bögeholz hindeuten. Tatsächlich findet sich eine Reihe von Indizien, von denen ich einige kurz aufzählen möchte:

Zum einen bringen sich so genannte Ghostwriter gerne in den Geschichten unter bzw. werden Berater gerne von den Autoren darin untergebracht.[13] Betrachtet man vor diesem Hintergrund einige Werke von Karl May, fällt zunächst die von April bis Juni 1879 veröffentlichte Erzählung ‚Ein Dichter' auf. Darin beschreibt May unter dem Pseudonym Karl Hohenthal, wie ein Dichter namens Richard Forster und ein Jäger namens Tim Summerland aufeinander treffen und einen Banditen namens Tom Wilson jagen.[14] Es macht für den Inhalt der Geschichte keinen Sinn, eine der beiden Hauptpersonen als Dichter zu bezeichnen. Möglicherweise liegt darin also eine Dankesbezeugung des Karl May für erfolgte Beratung oder es ist der von Bögeholz selber angebrachte kryptische Hinweis auf seine Urheberschaft. Das Fehlen der für die entsprechende Tätigkeit erforderlichen Korrespondenz in Form von Schriftverkehr zwischen May und Bögeholz, und ein solcher ist im 19. Jahrhundert anzunehmen, im Karl-May-Archiv spricht nicht dagegen, da Karl May sicher alle entsprechenden Hinweise auf fremde Beratung und eventuell sogar fremde Urheberschaft vernichtet haben dürfte. Ein solches Vorgehen erscheint angesichts seines immer wieder kriminellen Verhaltens[15] als nicht abwegig. Aber auch Bögeholz könnte ein Interesse am Verschweigen seiner Beteiligung oder gar schriftstellerischen Leistung gehabt haben. Darauf komme ich aber gleich zurück. Da auch das Bögeholz-Archiv verschollen ist, wird die diesbezügliche Beweisführung zusätzlich erschwert, aber möglicherweise könnte Bögeholz den Schriftverkehr, eventuell im Einvernehmen mit May, ebenfalls vernichtet haben.

Der Hinweis auf die Geschichte ‚Der Dichter' alleine ist natürlich nur ein Indiz. Ich will exemplarisch ein weiteres benennen: In ‚Winnetou 1' taucht neben dem Ich-Erzähler, dem späteren Old Shatterhand, die Nebenfigur Sam Hawkens auf. Zum Verhältnis dieser beiden zueinander heißt es: „Es hatte sich zwischen ihm und mir im stillen ein Verhältnis herausgebildet, das ich am besten mit dem Wort Oberlehnsherrschaft bezeichne. Er hatte mich in seinen Schutz genomen, und zwar wie einen Menschen, den man nicht danach zu fragen braucht, ob er damit einverstanden ist. Ich war das Greenhorn und er der erfahrene Westmann, dessen Wille für mich unanfechtbar war."[16] Selbstredend, dass der Ich-Erzähler dem Hawkens auch am Anfang ihrer Beziehung das Leben gerettet hat.[17] Das alles erinnert sehr stark an die Rettung des Grafensohnes Elek durch Bögeholz und die anschließende Förderung des jungen Otto bis hin zum bekannten Dichter. Der Umstand, dass die wichtigsten Haupt- und Nebenfiguren wie Old Shatterhand und Sam Hawkens Deutsche sind[18], rundet die Indizienkette ab.

Dass auch die Zeitschienen der Lebensdaten von May und Bögeholz zusammenpassen, ergibt sich aus den oben genannten Lebensdaten. Der Umstand, dass man über die letzten Jahrzehnte des Otto Bögeholz kaum etwas weiß, verleitet mich zu der zugegebenermaßen gewagte Hypothese, dass Otto Bögeholz in seinem letzten Lebensabschnitt entweder der Berater von Karl May gewesen sein oder sogar die Amerikawerke selber geschrieben haben könnte, die May dann unter seinem Namen veröffentlicht hätte. Angesichts des umfangreichen Werkes bezüglich Amerika von May dürfte die Beratung und erst recht das Verfassen der Texte Bögeholz zeitlich sehr stark in Anspruch genommen haben, so dass das erklären würde, warum er in seinen letzten Jahren kaum anderweitig aktiv war und man deshalb nichts über ihn weiß.

Zum Schluss bleibt noch zu klären, warum Otto Bögeholz seine eventuelle Beratertätigkeit oder gar die mögliche Urheberschaft an den Amerikageschichten hätte verschweigen sollen. Nun, eine Erklärung liegt auf der Hand: Der große Erfolg war nicht absehbar, und so wollte er möglicherweise sein Image als großer Heimatdichter nicht durch das Veröffentlichen von ‚Kitsch' ankratzen lassen. Auch wenn es für meine Hypothese keine Beweise, sondern nur Indizien gibt, könnte es interessant sein, wenn die Bögeholzforschung in dieser Richtung weiterforschen würde. Vielleicht war Otto Bögeholz vielseitiger als man bislang vermutet hat.

Anmerkungen

1 Vgl. Zeitgeschichtlicher Abriss in: Otto Bögeholz: Alles ist Gefühl. 3. Auflage, Celle 2016, S. 7.
2 Ebda., S. 12.
3 Vgl. Thomas Ostwald: Braunschweigs skurrile Ecken und andere Merkwürdigkeiten, Folge 14: Warum es in Watenbüttel eine Otto-Bögeholz-Straße gibt. In: www.der-loewe.info, zuletzt eingesehen am 16.02.2017. In einer anderen Quelle heißt es dagegen, dass der Todestag unbekannt sei und der 1. Juni 1895 auf Grund einer Rechnung angenommen werde, vgl. Zeitgeschichtlicher Abriss in: Otto Bögeholz: Alles ist Gefühl. 3. Auflage, Celle 2016, S. 7. Auf Grund der Übereinstimmung bei der Datumsangabe wird auch hier der 1. Juni 1895 verwendet.
4 Eigene Berechnung auf der Grundlage der bekannten biografischen Daten.
5 Vgl. Zeitgeschichtlicher Abriss in: Otto Bögeholz: Alles ist Gefühl. 3. Auflage, Celle 2016, S. 7f.
6 Vgl. exemplarisch die geschilderte Freundschaft zweier Knaben in: Heinrich Spiller: Der tote Heiland, Jugend- und Bildungsroman. In: Gerhard H. Spiller/Elfriede Spiller/Gerhard A. Spiller (Hg): Heinrich-Spiller-Werkausgabe, Bd 4: Autobiografische Texte. Norderstedt 2015, S. 39-85 (Hans Meller und Gustel Sigert) sowie S. 92 i.V.m. 105f. (Hans Meller und Gerhard Alder). Anzumerken ist, dass sich Heinrich Spiller in diesem Text selber 'Hans Meller' nennt.
7 Zeitgeschichtlicher Abriss in: Otto Bögeholz: Alles ist Gefühl. 3. Auflage, Celle 2016, S. 8.
8 Vgl. https://de.wikipedia.org/wiki/Karl_May, zuletzt eingesehen am 27.03.2017, S. 1.
9 Ebda., S. 3.
10 Ebda., S. 1.
11 In den Orient reiste er 1899 und 1900, vgl. ebda., S. 5.
12 So geäußert in einer Fernsehdokumentation zu Karl May.
13 Dieses Vorgehen ist heute noch sehr beliebt und ganz besonders ausgeprägt in der Comicszene, vgl. exemplarisch: André Franquin: Spirou und Fantasio, Bd. 2: Eine aufregende Erbschaft. In: Spirou und Fantasio Gesamtausgabe, Bd. 2, S. 80, Bild 6 ff. i.V.m. ebda., S. 10.
14 Vgl. http://karl-may-wiki.de/index.php/Ein_Dichter, zuletzt eingesehen am 28.03.2017, S. 2.
15 Vgl. https://de.wikipedia.org/wiki/Karl_May, zuletzt eingesehen am 27.03.2017, S. 2f.
16 Karl May: Winnetou I. Jubiläumsausgabe, Bamberg 1962, S. 30.
17 Ebda., S. 45f.
18 Ebda., S. 39.

Fechsung 14.2
Das Wort zum Samstag

Von einer gelungenen Sippung zehrt man viele Tage.

Fechsung 15
Das Wort zum Mittwoch:
(Inhalt der vorangegangenen Sippung waren die Ehrungen für zwei Ritter für jeweils fünfzigjährige Mitgliedschaft in der Schlaraffia)

Wenn laut der Jubel über die Ordensträger schallt,
im Herzen der Gedanke an Abwesende hallt.

Fechsung 16
Nur ein Rat

Gibst du aus viel Geld, hast du die schönsten Frauen,
musst dich nicht mal sie anzusprechen trauen,
nein, sie kommen zu dir von ganz allein
und wollen dir gern die Gefährtin sein.

Lass dich drauf ein, enttäusch sie nicht,
sei spendabel und kein geizig Wicht,
dann wirst du haben viel Spaß und Spiel,
ansonsten der bösen Lästereien viel.

Als Geizhals wirst du ganz allein sein
und dich nicht fühlen froh und fein,
drum sei spendabel, gib aus das Geld,
dann bist für schöne Frauen du ein Held!

In diesem Sinne: Lasst die Scheine fliegen!

Lulu!

Fechsung 17
Das Wort zum Mittwoch

Die Sippungsfolge wird gleich ruhn,
unterbrochen wird das schlaraffisch' Tun,
doch bald schon wird es gehen weiter,
bis dahin bleibt gesund und heiter.

Fechsung 18
Endlich wieder Sippungszeit

Schlaraffen satteln ihre Rösser,
verlassen Burgen und auch Schlösser,
denn nun ist wieder Sippungszeit,
zum Albernsein sind sie bereit.

Sie reiten ein zur üblichen Stund
in die Burg von ihrem stolzen Bund,
um zu Fechsen, Trinken und zu Lachen,
sich zu erfreun an vielen lustig Sachen.

So vergeht dann Stund um Stund,
bis dass das Tam-Tam das End tut kund
und zu später Stunde guterletzt
die Styxin den Letzten vor die Türe setzt.

Daheim in Heimburgs schöner Stätte,
liegt die Burgfrau im weichen Bette,
doch erwacht sie also gleich
zu hörn den Ablauf, an Scherzen reich.

Auf diese Weise auch die Burgfraun
in das große Uhuversum schaun,
und Ritter und Burgfrau dann ganz heiter
fechsen für die nächste Sippung weiter.

Fechsung 19
Ein Irrlicht?

Nicht weit von des Castellum Peinenses Burgtor
liegt lauernd das schaurig dunkle Barumer Moor,
worin es nach überlieferter Sage spukt,
weshalb jeder Wandrer stets über die Schulter lugt.

Am Tage, unter der strahlenden Sonne Licht,
bemerkt man des Moores dunkle Seite nicht,
doch wehe, über dem Ort bricht herein die Nacht,
dann wird beherrscht das Moor von einer finstren Macht.

Neulich ich war spät per pedes auf dem Heimweg
befand der Zeit wegen für gut des Moores Steg,
doch wurde ich von der dunklen Nacht überrascht,
so dass ich beinahe blind durch das Moor bin gepatscht.

Plötzlich ich sah in der Ferne einen Lichtschein,
worauf mir fiel sofort die Sage vom Irrlicht ein,
und mit wild pochendem Herzen schritt ich fortan
auf meinem unsichtbaren Weg weiter voran.

Immer weiter Richtung Irrlicht ich leise schlich,
und still dies verharrte, als erwarte es mich,
zudem ich nun vernahm ein Keuchen und Stöhnen,
als wollten Moorgeister meinen Mut verhöhnen.

Leise ich schlich mich voran weiter und weiter,
bis plötzlich der Weg an einer Stell wurd' breiter,
und ganz am Wegesrand war es urplötzlich da,
des Rätsels Lösung stand so, dass ich gut sie sah.

Doch kein schrecklich' Dämon, kein grausam Irrlicht war's,
sondern Kuhns Tochter Sabine mit ihrem Lars,
die am Rande einer starken Lampe Lichtschein
sich tüchtig küssten und kosten, lieblich und fein.

Fechsung 20.1
Die moderne Hubertusverehrung

Am profanen 3. November eines jeden Jahres findet die Verehrung des Hubertus von Lüttich statt. Er war der Pfalzgraf, der als Witwer zum Einsiedler in den Wäldern der Ardennen wurde. Da er angeblich einem Hirsch begegnete, der ein Kruzifix zwischen den Sprossen seines Geweihs trug, wurde er zum Schutzpatron der Jäger ernannt. Diese ehrten ihn schon früh mit so genannten Hubertusjagden. Dabei zog in früheren Zeiten die Jagdgesellschaft, die sich aus einem erlauchten Personenkreis zusammensetzte, am Hubertustag hinaus in die Wälder und bejagte die Tiere, unter anderem vierbeiniges Schwarz- und Rotwild.

Diese Form der Hubertusverehrung ist inzwischen überholt. Das merkt man daran, dass die Hubertusjagd in der Moderne von jedem männlichen Hinz und Kunz beinahe täglich vorgenommen wird, wobei bezweifelt werden darf, dass die überwiegende Mehrheit von ihnen weiß, was sie da tut oder wer dieser Hubertus eigentlich war. Statt in die Wälder zieht man heute aus Gründen der Bequemlichkeit in eine Kneipe, Bar oder Disco, wo man dem Hirsch mit dem Kruzifix ohne großen Aufwand in großer Anzahl begegnet. Hat der potenzielle Jäger einige ‚Jägerchefs' intus, begibt er sich auf die Pirsch. Gejagt werden heutzutage Zweibeiner, aber nicht nur Rot- und Schwarzwild wie früher, sondern auch Blondinen und Brünette. Alle potentiellen ‚Jagdobjekte' werden von Jägern unter dem einfallslosen Begriff ‚Hase' zusammengefasst.

Hat der moderne Hubertusverehrer eine potentielle Beute entdeckt, schleicht er sich an. Im Gegensatz zu früheren Zeiten, als das Wild aus der Distanz erlegt wurde, bevorzugt er heutzutage die Lebendfalle, weil nicht mehr der Tod der Jagdbeute, sondern das Vergnügen mit dem ‚Hasen' im Mittelpunkt steht.

Die Jagd beginnt seitens des Hubertusverehrers üblicherweise mit wohlüberlegten Worten wie beispielsweise: „Ey, willste was trinken?" Sofern der Hase nicht sofort die Flucht ergreift und im Dunkel einer benachbarten Bar Deckung sucht, weiß der erfahrene Jäger, dass er beinahe schon gewonnen hat. Bei dem anschließenden verbal ausgetragenen ‚Fang-mich-Spiel' werden gewöhnlich große Mengen an geistigen Getränken konsumiert. Am Ende dieser modernen Hubertusjagd begeben sich Jäger und ‚Hase' zum großen Halali in die Jägerhütte. Während früher das Wild alleine in der Schlachtmolle landete, fallen heute Jäger und Wild in die Bettmolle, wo der Jäger zum Nahkampf mit freundlicher Waffe übergeht und beide, Jäger und ‚Wild', neben Hubertus auch Amor und Venus gleichermaßen verehren. Ob diese Okkupation der modernen Hubertusjagd durch Amor und Venus zu Differenzen zwischen der Götter- und der Heiligenwelt führen, ist bislang noch nicht erforscht.

Als Fazit bleibt also festzuhalten, dass sich die Hubertusjagd allen Schichten der männlichen Bevölkerung geöffnet hat und tagtäglich ausgeübt wird. Heute wissen viele aber nicht, warum sie das eigentlich tun, aber das weiß man ja bei anderen Aktivitäten auch nicht. Trotz dieser Unwissenheit ist es schön, wenn alte Traditionen die Klassenschranken und die Jahrhunderte überwunden haben und sich nun in einem modernen Rahmen präsentieren. In diesem Sinne:

Halali und Lulu!

Fechsung 20.2
Das Wort zum Mittwoch:

Genießt die Nachtluft und den Sternenhimmel, während die Sippungsinhalte im Herzen nachklingen.

Fechsung 21.1
Die Otto-Bögeholz-Straße – nur ein Verkehrsweg?

Im Braunschweiger Stadtteil Watenbüttel gab es einst ein Neubaugebiet, für das man Straßen baute. Eine davon benannte man nach dem großen Heimatdichter Otto Bögeholz. Auf dieser Straße bewegen sich Menschen in stinkenden Blechdosen, auf mehr oder weniger verkehrstauglichen Zweirädern oder gar zu Fuß fort. Damit scheint es sich also um einen ganz normalen Verkehrsweg zu handeln. Aber ist dem wirklich so? Ich sage ‚Nein', denn in meinen Augen ist sie mehr als nur eine ordinäre Straße. Allein die Geschichte ihrer Namensgebung zeugt vom Humor des schlaraffischen Bundes, aber auch von einer heiteren Gelassenheit bei der Stadtverwaltung Braunschweig, die nach Bekanntwerden der Hintergründe eine Umbenennung abgelehnt hat. Damit ist die Otto-Bögeholz-Straße nicht nur ein Verkehrsweg, sondern zugleich das asphaltierte Symbol von Humor, an dem es heutzutage leider nur zu oft fehlt.
Damit erschöpft sich die Bedeutung der Otto-Bögeholz-Straße aber noch nicht, denn sie ist zudem ein zweifaches Symbol für ein verlässliches Miteinander: Zum einen, weil sich die Straßennutzer in gegenseitiger Rücksichtnahme auf ihr fortbewegen und die Kinder nach Herzenslust mit Spielgeräten auf ihr herumtollen können. Für die nichtmobilen Menschen ist sie zugleich eine interessante Alternative zum oft eintönigen Fernsehprogramm. Der zweite, weniger offensichtliche Grund liegt in der Geschichte der Namensgebung. Die Widmung der Straße fällt in eine Zeit, in der Verlässlichkeit anders als heutzutage noch eine Bedeutung hatte. Denn was wäre der Vorschlag zur Benennung dieser Straße nach Otto Bögeholz wert gewesen ohne die verlässliche Mitwirkung des Schlaraffenbruders zu Hannover, der die Bedeutung dieses Dichters unterstrichen hat? Die Zuverlässigkeit, mit der dieser Sasse Zeit und Kraft zur Bestätigung der Aussagen seines Schla-

raffenbruders investiert hat, ohne davon einen persönlichen Vorteil zu haben, ist in dieser Intensität für die heutige Profanei nur schwer vorstellbar.

Des Weiteren stellt die Otto-Bögeholz-Straße auch ein Asphalt gewordenes Stück Zeitgeschichte dar: ‚Damals' wurde viel Zeit und Mühe in die Planung einer Aktivität sowie in die liebevolle Ausarbeitung ihrer Details investiert. Heute ist dagegen alles schnelllebiger geworden, die Menschen werden mit Unmengen an Informationen zugeschaufelt, von denen eine wertloser als die andere ist. Dennoch besteht der innere Zwang, sie alle zu lesen. Dadurch ist es schwer vorstellbar, dass sich heutzutage Menschen die Zeit nehmen würden, um für einen Straßennamen eine Person nebst kompletten Lebensdaten und einem Lebenswerk niederzulegen, weil eine solche Arbeit schnell erledigt sein müsste, um sich mit den nächsten unwichtigen Nachrichten beschäftigen zu können. Zudem wäre eine heute verfasste Biografie wahrscheinlich auf nicht mehr als 147 Zeichen begrenzt, weil bei vielen dank der fortgeschritten Digitalisierung die Konzentration nicht zur Aufnahme von mehr Informationen zu reichen scheint.

Als Quintessenz meiner mehr als 147 Worte und zugleich als Antwort auf die oben aufgeworfene Frage halte ich fest, dass für mich die Otto-Bögeholz-Straße ein Verkehrsweg, ein asphaltiertes Symbol für Humor, Miteinander und Verlässlichkeit sowie ein begehbares Stück Zeitgeschichte darstellt. Würde man es kürzer ausdrücken wollen, könnte man sagen: Die Otto-Bögeholz-Straße ist das Denkmal einer unbeschwerten Zeit.

Fechsung 21.2
Das Wort zum Freitag

Die Sippung geht dem Ende zu,
ab morgen winkt die Profanei,
verzaget nicht, bewahrt die Ruh
und seid bald wieder hier dabei.

Fechsung 22
Nebel über dem Peiner Drei-Strom-Land

Still liegt das schöne Peiner Land
inmitten der drei Ströme Band,
an den Ufern Felder liegen,
Bäume sich im Winde wiegen.

Die Flüsse tun, als ob sie schliefen,
doch heraus aus ihren Tiefen
schleicht Nebel wie in düstren Träumen,
ergreift Besitz von allen Räumen.

Dazu er will den Wandrer laden
zu einem Bad in seinen Schwaden,
so dass verliert er aus dem Blick
das Sonnenlicht und sein Geschick.

Besonders im Barumer Moor
sieh, o Wandrer, dich nur gut vor!
Auch wenn Menschen legen Stege,
kommst leicht du ab vom rechten Wege.

Auch ist niemandem wohlbekannt,
welch Wesen lauern im Nebelland,

um auf den Wanderer zu harren,
sich um seine Seel' zu scharren.

Manch Recke einfach so verschwand,
sein Schicksal blieb uns unbekannt,
und schuld daran der Nebel war,
der all die Schrecknisse gebar.

Ohne Nebel ist's ein schönes Land,
wie einst schon Bodenstedt befand,
drum kommt nur oft uns zu besuchen
tut Urlaubsreisen hierher buchen.

Denn im hellen Licht der Sonne
ist's Peiner Land die reinste Wonne,
und Nebel tut nur selten stören,
das könnt überall ihr hören.

Fechsung 23
Ein unangenehmer Ausritt

Sippungen mit Heiterkeiten
sind ganz wunderbare Zeiten,
darum ich gern Schlaraffe bin
und zu den Sippungen eil' hin.

Ausreiten gehört auch dazu,
das lernte ich anfangs im Nu,
so ich bin bestrebt zu reiten
zu nahen Reychen und den weiten.

Drum fuhr ich neulich ganz famos
zur Burg in der Brunsviga los,
zum Einritt als mein erstes Mal,
doch leider war die Fahrt dann schal.

In Peine ging ich an den Start,
doch schon gleich stoppte meine Fahrt
am Ortsausgang ein großer Stau
dank Arbeiten im Straßenbau.

Als ich endlich fahren konnte,
mich in Sippungslaune sonnte,
gab's durch die Rechnung einen Strich:
ab Raffteich der Verkehr nur schlich.

Als endlich Braunschweig war erreicht
mein Gemüt war nicht mehr leicht,
nun hieß es einen Stellplatz suchen,
was nicht ging ohne viel Fluchen.

Schon ich wollt zum Rückzug blasen,
weil kein Parkplatz an den Straßen,
doch dann zur Stadthall' ich noch ritt,
danach auf langem Fußmarsch litt.

Die Sippung war gar wunderbar
inmitten der Schlaraffenschar,
doch auch Gutes hat ein Ende
und mein Glück nahm seine Wende.

Auf der Rückfahrt, welch ein Graus!,
kam ich aus der Stadt nicht raus,
verfuhr mich, habe nichts gekannt,
da ist in mir die Wut entbrannt.

Doch nicht lang die Wut dann brannte,
weil zum Glück ich schnell erkannte,
dass der Tank sich rasch entleerte,
weil er des Benzins entbehrte.

Glücklich ich fand eine Schänke,
führt' mein Ross an seine Tränke,
viel Geld floss in des Tankwarts Schoß,
dann war ich diese Sorge los.

Schon mein Ross mit Reifen scharrte,
den Weg mir wies der Tankewarte,
danach ich fuhr der Heimat zu,
wo endlich ich fand meine Ruh.

Herrlich sind die Sippungszeiten
mit den köstlich Heiterkeiten,
doch die Fahrt auf fremden Wegen
ist für mich ein Fluch, kein Segen.

Ich brauch ein magisch' Kästelein,
das mir den Weg sagt klar und rein,
doch ist das Technik, ei der Daus!,
damit ich kenn mich auch nicht aus.

Fechsung 24
Sie sind gegangen und doch nicht fort

Die Welt ist ein Kommen und Gehen, ein ewiger Kreislauf von Geburt und Tod. Ist ein Mensch verstorben, so sagen wir ‚Er ist gegangen'. Wir glauben, dass wir nun für immer von ihm getrennt seien, aber dem ist nicht so.
Ein jedes Schlaraffenreych zeigt, dass die Erinnerung an die gen Ahalla gerittenen Sassen durch persönliche Erinnerungen über Jahrzehnte hinweg bewahrt werden kann. Zudem wird jede Knappennummer nur einmal vergeben, so dass auch jedes neue Mitglied sofort erkennt, wie viele Sassen es in seinem Reych gibt. Auf diese Weise setzt er sich bewusst oder unbewusst mit dem Umstand auseinander, dass viele von ihnen bereits gegangen sind, ohne dass er sie kennenlernen durfte. Damit gedenkt er aber ihres einstigen Hier-Seins. Sie sind gegangen, aber im Geiste nicht fort. Bewahrt man ihr Wirken zudem in Chroniken, verstärkt das ihre Anwesenheit im Geiste.
Aber sie sind auch real noch da, nicht wirklich fort, denn vergangen ist nur ihr körperliches Erscheinungsbild. Doch das ist ganz banal gesagt nichts anderes als eine chemische Verbindung. Erst die Summe unglaublich vieler Atome bildet die Körperlichkeit, die beispielsweise mich formt. Wird meine Körperlichkeit eines Tages gehen, so wird sich die chemische Verbindung auflösen und die Atome werden sich verteilen und neue Verbindungen eingehen.[1] Dabei sind sie nicht auf Landesgrenzen, ja nicht einmal auf Planeten oder Universen begrenzt.[2] Manches Atom wird vielleicht weit wandern, aber viele werden in der unmittelbaren Umgebung bleiben. So, wie es auch die Atome der Ahnen getan haben. Deshalb sind die Körperlichkeiten der Ahnen aus unserer optischen Wahrnehmung verschwunden, aber die chemischen Bestandteile ihres Daseins sind noch gegenwärtig. Sie erscheinen nicht mehr in der uns bekannten Körperlichkeit, sondern als Teil von ande-

ren Erscheinungen. Vielleicht macht dies die Aura aus, welche die Orte zu umgeben scheint, an denen die Ahnen so gerne gewesen sind.

Die Ahnen sind gegangen, aber in unserem Geiste und in unserer Umgebung noch da. Vielleicht beeinflussen sie auch unser Denken, denn jeder noch so unbedeutende Gedanke, den ein Mensch im Laufe seines Lebens denkt, ist nichts anderes als ein elektrischer Impuls in seinem Gehirn. So, wie ein Lichtstrahl auf ewig mit hoher Geschwindigkeit durch die Universen saust, könnten auch diese elektrischen Impulse dauerhaft bestehen bleiben. Mancher vermutet, dass sie sich sammeln, vielleicht in einer Art Wolke als Gedankenpool aller jemals gedachten Gedanken.[3] Diese so genannten ‚Morphogenetischen Felder' sind zwar bis heute nicht physikalisch nachgewiesen, aber was galt nicht alles als Fantasie, bis es entdeckt worden ist? Galt doch auch vor nicht allzu langer Zeit das Fliegen als unmöglich. Vielleicht existieren die Gedanken unserer Ahnen ja wirklich noch. Wenn manche vermuten, dass einige Menschen diese morphogenetischen Felder anzapfen können[4], erklären sie damit Geistesblitze oder das zeitgleiche unabhängige Auftreten einer Idee an zwei verschiedenen Orten. Dann wären unsere Ahnen nicht nur hier, sondern sie würden uns auch mit ihren Gedanken noch heute helfen, die uns beherrschenden Probleme zu lösen.

Sie sind gegangen und doch nicht fort – wir brauchen kein jenseitiges Paradies, weil die Logik belegt, dass wir unsere Ahnen nur visuell nicht mehr wahrnehmen, aber mit anderen Sinnen ihre Anwesenheit unter uns sehr wohl fühlen können. Wie lange uns angesichts der Hörigkeit gegenüber der digitalen Technik diese Fähigkeiten noch erhalten bleiben, weiß nur Uhu. Aber noch gilt die Erkenntnis: Die Ahnen sind gegangen, aber sie sind nicht fort.

<u>Anmerkungen:</u>

1 Den Ursprung dieses Gedankens konnte ich nicht mehr ermitteln.

2 Vgl. Max Tegmark: Unser mathematisches Universum, Auf der Suche nach dem Wesen der Wirklichkeit. Ullstein-Verlag 2015.

3 Vgl. Rupert Sheldrake: Das schöpferische Universum, Die Theorie des morphogenetischen Feldes. Ullstein-Verlag, 2. Auflage 2010.

4 Vgl. exemplarisch: Peter Krassa: Das Orakel und Indiens Luftgötter: Ein Besuch in der Palmblattbibliothek. In: Erich von Däniken: Fremde aus dem All, Kosmische Spuren: Neue Funde, Entdeckungen und Phänomene. Goldmann-Verlag 1995, S. 157-160.

Fechsung 25.1

Mirza Safi Vazeh: Dem Vergessen entrissen

Wann immer ein Schlaraffe, vor allem aus dem Castellum Peinense, den Namen ‚Mirza Schaffy' nennt, meint er damit den Ehrenschlaraffen Mirza Schaffy, profan Friedrich von Bodenstedt. Kaum einer weiß, dass Bodenstedt zwar das Buch ‚Die Lieder des Mirza Schaffy' geschrieben hat[1], der Name der im Titel genannten Person aber auf einem realen Menschen beruht[2]. Vernehmt also die Geschichte des echten Mirza Schaffy:

Sein richtiger Name lautet Safi Vazeh. Er wurde wahrscheinlich 1792[3] in einer kleinen, damals noch persischen Residenzstadt namens Gandscha[4] als Sohn eines Baumeisters geboren. Nach dem Tod des Vaters geriet er unter den Einfluss eines „vornehmen, eigenwilligen und unorthodoxen Kaufmanns und Philosophen namens Hadshi-Abdulla". Beide bewahrte die schon vorläufige russische Herrschaft vor muselmanischer Verfolgung.[5] Möglicherweise war Vazeh ein Anhänger des Sufismus[6], was die Verfolgung durch andere Muslime erklären könnte.

Nachdem für kurze Zeit die persische Souveränität wiederhergestellt war, verwaltete Safi Vazeh für die Tochter des Khans von Gandscha deren Palast und zwei ihrer Dörfer. Nach der endgültigen Übernahme der Herrschaft durch die Russen musste der Khan mit seiner Familie fliehen und Vazeh fristete verarmt sein Leben mit dem Abschreiben von islamischen Handschriften.[7] Die Freundschaft mit dem Dichter Mirza Fatali Achundow, dem Vazeh in den 1830er Jahren in Gandschah begegnete[8], verschaffte ihm 1840 eine bescheidene Stellung als Lehrer der orientalischen Sprachen in Tiflis. Allerdings gelang dies nicht ohne Schwierigkeiten, denn mit den Ergebnissen der Aufnahmeprüfung vom 29. September 1840[9] war nur ein Teil der Verantwortlichen zufrieden, während andere an Vazehs Qualifikation zweifelten. Erst ein Schiedsspruch von E. A. Golovin brachte Vazeh im November 1840 die begehrte Stelle ein, die er bis 1846 behielt. In diese Zeit fällt auch der Aufenthalt von Bodenstedt in Tiflis.[10] Es ist wahrscheinlich, dass sich Bodenstedt auf der Suche nach einem Lehrer für die einheimischen Sprachen an die Kreisschule wandte und so in Kontakt mit Safi Vazeh kam.[11]

Im Jahre 1846 kehrte Vazeh noch einmal nach Gandscha zurück[12], um dort eine Unterrichtsanstellung anzunehmen.[13] Doch bereits 1850 lässt er sich wieder in Tiflis nieder und belegt eine Stelle als Unterlehrer für orientalische Sprachen am Adligen Gymnasium. Safi Vazeh starb am 28. November 1852[14] in Tiflis an einer Magenentzündung.[15]

Da die Bezeichnung ‚Mirza' übersetzt ‚Schriftkundiger/Schriftgelehrter' bedeutet[16], kann man sie auf seine Tätigkeit des Abschreibens von Handschriften und auf seine Arbeit als Lehrer beziehen und damit als Berufsbezeichnung deuten. Als Dichter ist Safi Vazeh seinen Zeitgenossen und insbesondere seinem Freund Achundow nicht in Erinnerung geblieben. Zudem konnte trotz aller Bemühungen von Forschungsreisenden seit dem Jahre 1860 keine Bestätigung für Vazeh als Dichter gefunden werden.[17] Für seine Dichtkunst sprach zwar Bodenstedts Buch ‚Die Lieder des Mirza Schaffy', aber dieser räumte angesichts der wachsenden Zweifel 1874 seine eigene Autorenschaft ein und gestand, das Mirza Schaffy „weder Dichter noch ein großer Gelehrter" gewesen sei und bloß zum Zeitvertreib Verse gemacht habe.[18] Mit einer Ausnahme würden alle Gedichte in ‚Die Lieder des Mirza Schaffy' von ihm, Bodenstedt, stammen. Allerdings haben Sseid Saade und Rafili nachgewiesen, dass diese beiden laut Bodenstedt von Vazeh stammenden Strophen von dem türkisch-aserbaidschanischen Dichter Fuzuli, den Bodenstedt gekannt habe, stammen.[19] Dennoch betrachtet die Wissenschaft in Aserbeidschan Safi Vazeh als bedeutenden Dichter, da sie dem Eingeständnis von Bodenstedt keinen Glauben schenkt.[20]

Zum Schluss bleibt die Erkenntnis, dass Friedrich von Bodenstedt einem kleinen Lehrer mit dem Buch ‚Die Lieder des Mirza Schaffy' ein literarisches Denkmal gesetzt und damit die Person Safi Vazeh vor dem Vergessen bewahrt hat. Zudem hat er in diesem Buch wunderschöne Texte zusammengefasst, die seit dem Erscheinen der Erstausgabe die Leser entzücken.

Wann immer dem Ehrenschlaraffen Mirza Schaffy Hochachtung bekundet wird, sollte zumindest ein kleiner Gedanke auf den echten Menschen Mirza Safi Vazeh gelenkt werden. Dies umso mehr anno Uhui 158, da sich in diesem Jahr Safi Vazehs 225. Geburtstag und 165. Todestag jähren.

Anmerkungen

1 Im Jahre 1874 veröffentlichte Bodenstedt das Buch ‚'Aus dem Nachlaß des Mirza Schaffy. Neues Liederbuch mit Prolog und erläuterndem Anhang' (Berlin 1874). In den Erläuterungen gesteht Bodenstedt, das mit einer Ausnahme alle Gedichte in ‚Die Lieder des Mirza Schaffy' von ihm, Bodenstedt, stammen, vgl. Johannes Mundhenk: Friedrich Bodenstedt und Mirza Schaffy in der aserbaidschanischen Literaturwissenschaft. Hamburg 1971, Nachdruck 2017, S. 15 i.V.m. S. 86, Fußnote 1. Angesichts dieses Eingeständnisses von Bodenstedt ist unverständlich, dass Nabi Chasri / S. Sueleymanli im Jahre 1984 so tun, als seien alle Texte aus ‚Die Lieder des Mirza Schaffy' von Safi Vazeh, vgl. dieselben: Mirza-Schaffy Waseh – ein großer aserbaidschanischer Gelehrter, der in der ganzen Welt bekannt ist. In: Anhang zu: Friedrich von Bodenstedt: Die Lieder des Mirza Schaffy mit einem Prolog. 170. Auflage, R. v. Deckers Verlag Heidelberg 1984, S. X bis XIII.
2 Die reale Existenz und damit die Nicht-Fiktionalität der Person Mirza Schaffys belegen u.a. von Bodenstedt unabhängige Augenzeugen sowie umfangreiches Archivmaterial in Tiflis, das in E. Axmedov: M.A.K. Bakixanov, épexa, zizn', dejatel'nost, Baku 1989 ausführlich zitiert wird, vgl. Michael Reinhard Heß: Mirza Safi Vazeh und Friedrich von Bodenstedt – ein aserbaidschanisch-deutsches Verwirrspiel. In: I. Hauenschild / M. Kappler / B. Kellner-Heinkele (Hg.): Eine hundertjährige Tulpe – Bir sadbarg lala. Festgabe für Claus Schönig (zugleich Studien zur Sprache, Geschichte und Literatur der Turkvölker). Klaus Schwarz, Verlag Berlin 2016, S. 157-188, hier sowie im Folgenden zitiert aus dem entsprechenden Manuskript.
3 Vgl. Mundhenk, a.a.O., S. 11. Nach einigen anderen Quellen, u.a. der Großen Sowjetenzyklopädie von 1951, wurde er im Jahre 1805 geboren, vgl. Mundhenk, a.a.O., S. 12.
4 Später Elisabetpol, jetzt Kirovabad, vgl. Mundhenk, a.a.O., S. 12.

5 Vgl. Mundhenk, a.a.O., S. 12 unter Berufung auf Adolf Bergé: Mirza Schaffy. In: Zeitschrift der deutschen morgenländischen Gesellschaft, Band 24, Leipzig 1870, S. 425-432
6 Sufismus ist eine Sammelbezeichnung für Strömungen im islamischen Kulturkreis, die asketische Tendenzen und eine spirituelle Orientierung aufweisen, die oft mit ‚Mystik' bezeichnet werden, vgl. https://de.wikipedia.org/wikiSufismus, zuletzt eingesehen am 27.11.2017. Die Behauptung, dass Safi Vazeh ein Sufist gewesen sei, findet sich bei Bodenstedt in einer Festrede in Pressburg anlässlich seines 70. Geburtstages, vgl. Johannes Proelß: Das Urbild des Mirza Schaffy. In: Vom Fels zum Meer, 1892 II, S. 265 ff, hier zitiert nach: Mundhenk, a.a.O., S. 17 f.
7 Vgl. Mundhenk, a.a.O., S. 12 unter Berufung auf Adolf Bergé: Mirza Schaffy. In: Zeitschrift der deutschen morgenländischen Gesellschaft, Band 24, Leipzig 1870, S. 425-432.
8 Vgl. Heß: a.a.O., S. 11.
9 Diese Datumsangabe bezieht sich auf den Gregorianischen Kalender.
10 Vgl. Heß, a.a.O., S. 11.
11 Vgl. Heß, a.a.O., S. 12 f.
12 Vgl. Mundhenk, a.a.O., S. 12.
13 Vgl. Heß, a.a.O., S. 14 des Manuskripts.
14 Siehe Fußnote 9.
15 Vgl. Mundhenk, a.a.O., S. 12, desgl. Heß, a.a.O., S. 14.
16 Vgl. Vademecum des Castellum Peinense a.U. 158/159, S. 21.
17 Vgl. hierzu die Ausführungen bei Mundhenk, a.a.O., S. 12-14.
18 Bodenstedt in einer Festrede in Pressburg anlässlich seines 70. Geburtstages 1874, vgl. Proelß, a.a.O., S. 265 ff., hier zitiert nach: Mundhenk, a.a.O., S. 17 f.
19 Vgl. Mundhenk, a.a.O., S. 15 i.V.m. S. 86, Fußnote 1.
20 Vgl. Heß, a.a.O., S. 14. f.

Fechsung 25.2
Das Wort zum Mittwoch:

Beschwert die Profanei dein Herz,
denk an die Sippung von heut zurück,
verfliegen wird sogleich dein Schmerz,
zurückkehren wird hernach das Glück.

Fechsung 26
Lobet den Damenslip!

Menschen gern Loblieder singen,
gar vieles wird mehrfach geehrt,
und während Jubelruf' erklingen,
getragen von des Beifalls Schwingen,
bleibt manchem dieser Lohn verwehrt.

Der Damenslip sei hier ein Beispiel,
für des Menschen großen Undank,
denn ob einfach weiß oder mit Stil
ist er ein wichtig' Kleidungsutensil
in der Frauen großem Kleiderschrank.

Er schützt der Frauen ihre Tugend
vor männlich Blicken voller Schmutz,
ganz besonders in deren Jugend,
wo Männeraugen sind niemals ruhend,
bietet er dem weiblich' Kleinod Schutz.

Wenn frau den Liebsten will verführen,
dann gibt es Slips in großer Auswahl,
tut sie sich dann unschicklich rühren
kann rasch sie seine Blicke spüren
und fühlen seine süße Qual.

So steht fest: Der Damenslip ist wichtig,
auch ihm gebühren Lobeslieder,
sein Ignorieren ist nicht richtig,
aus Fairnessgründen nicht einsichtig,
drum lobt auch ihn nur immer wieder!

Den Anfang will ich heute machen
und schreibe nieder diese Zeilen,
auch wenn gar viele werden lachen,
wird mancher hoffentlich erwachen
und dann mein Lob inbrünstig teilen.

Fechsung 27
Bowle oder nicht Bowle?

Die Bowle ist mein schönster Trunk,
sie gibt mir Mut und tüchtig Schwung,
dazu den Schein von ganz viel Kraft,
so dass man alle Gegner schafft.

Ich seh mit glasig' Augen klar,
wie meine Gegner werden starr,
drum ich werde nun ganz mutig,
schlage zu ganz fest und hurtig.

Doch der Gegner ist nun doppelt,
und mal schnell zur Seit gehoppelt
nun plötzlich werde ICH vertrimmt
- darob ich bin doch arg verstimmt.

Merke auf, du Freund von Bowle,
gib nicht aus dafür die Kohle,

lass das Zeug auf des Kellers Brett,
sonst landest du im Krankenbett.

Nachsatz:

Gut, sind die Krankenschwestern schön,
dann lohnt sich großes Kriegerstöhn,
denn ein verletzter großer Held
fast allen schönen Fraun gefällt.

So schließ ich nun und ruf euch zu:
Habt Dank, Ehe, herzlich Lulu!

Fechsung 28.1

Vier Zeilen dichten ist eine leichte Sach',
dazu der Geist des Dichters muss sein nur wach,
doch bleibt die Inspiration der Muse flach
strömt der Text hinunter den berühmten Bach[1].

<u>Anmerkung:</u>
1 Anspielung auf die volkstümliche Redensart ‚Etwas geht den Bach runter' für ‚Etwas geht schief' oder ‚Etwas funktioniert nicht so wie erwartet'.

Fechsung 28.2
Das Wort zum Mittwoch:

Der Beginn einer neuen Jahrung bedeutet die Fortsetzung des schlaraffischen Spiels unter einer anderen Jahreszahl und zugleich die erneuerte Verantwortung zu dessen Bewahrung.

Fechsung 29.1
Die Tragik des Beamtentums

Es war einmal ein Land, in dem sich die Einwohnerschaft in zwei Gruppen teilte: Da gab es zum einen die Bürger, die fast die gesamte Bevölkerung stellten. Zum anderen gab es die Beamten, welche in dem Land die Elite bildeten. Die Bürger waren auf die hart arbeitenden Beamten neidisch und verunglimpften sie daher ungerechtfertigter Weise solange als träge, phlegmatisch, fantasielos und unflexibel, bis sich die so Gescholtenen dementsprechend verhielten. Auf diese Weise sorgten die Beamten für den sozialen Frieden im Lande und alle waren glücklich.

Eines Tages jedoch gewann erneut die Missgunst die Oberhand bei den Bürgern und sie sagten zu den Beamten: „Hey, so geht das nicht mehr weiter, ihr müsst endlich für euer Geld arbeiten!" Da das einen Systembruch bedeuten würde, waren die Beamten zunächst skeptisch und sorgten sich um den sozialen Frieden im Lande. Nach einer tüchtigen Gehaltserhöhung waren sie aber dann doch zum erneuten Arbeiten bereit. Schon am nächsten Tag installierten Polizeibeamte unzählige Radarfallen, die Steuerprüfer suchten nicht mehr nur eine Firma pro Woche, sondern eine pro Tag auf und die Verwaltungsbeamten prüften sehr sorgfältig alle Anträge und lehnten sie binnen vierundzwanzig Stunden mit hieb- und stichfesten Begründungen ab.

Nun hätten eigentlich alle Menschen wieder zufrieden sein können, aber der immense Fleiß der Beamten war den Bürgern nun auch wieder nicht recht. Also gingen sie eines Tages erneut zu den Beamten und sagten: "Hey, das ist toll, was ihr da macht, aber lasst es doch mal wieder etwas geruhsamer angehen!" Über diesen neuerlichen Systembruch waren die Beamten nicht glücklich, denn das viele Arbeiten bereitete ihnen ein ungeheures Vergnügen. Also griffen die Bürger zu einem bewährten Mittel und versprachen den Beamten eine Gehaltserhöhung, wenn sie wieder träge, phlegmatisch, fantasielos und unflexibel werden würden. Den Beamten war das gar nicht recht, aber die Bürger redeten lange auf sie ein, und schließlich erhitzten sich die Gemüter immer mehr. Um des lieben Friedens willen gaben die Beamten schließlich nach. Aus lauter Bescheidenheit verzichteten sie aber auf die Gehaltserhöhung und widmeten sich mit schlechtem Gewissen dem Nichtstun.

Und wenn sie nicht gestorben sind, dann schlafen sie noch heute - allerdings murren im Lande schon wieder viele Leute wegen der angeblichen Trägheit der Beamten. Denen entgeht diese Wankelmütigkeit der Bürger natürlich nicht, und so wartet manch ein Polizeibeamter heimlich die Radaranlagen, einige Steuerprüfer ölen bereits im Stillen ihre Rechenmaschinen und nicht wenige Verwaltungsbeamte spitzen unter dem Tisch ihre Bleistifte. Falls die Leute es also mit ihrem Gemecker übertreiben sollten, wären die Beamten von einem Tag auf den anderen zum Arbeiten bereit. Bis dahin ertragen sie das Gemecker der Bürger in stoischer Gelassenheit. Was für ein tragisches Schicksal!

Fechsung 29.2
Das Wort zum Mittwoch:

Freundschaft ist, wenn man bei aller Heiterkeit der abwesenden Schlaraffenbrüder andächtig gedenkt.

Fechsung 30

Schlaraffen hört!

Trotz meiner fast grenzenlosen Bescheidenheit kann ich sagen, dass ich über sehr viele Talente verfüge, aber das Schreiben von Limericks gehört nicht dazu. Das wiederum hat meiner Burgfrau Antje die Idee zu einem Limerick geliefert, den wir beide dann gemeinsam, verfasst haben. Unser erster Limerick ist also in Bezug auf mich sowohl ein biografischer als auch ein autobiografischer Text, der da lautet:

Ein kleiner Schlaraffe aus Peine
schreibt gerne Verse ins Reine,
doch welch eine Pein,
es ist so gemein
einfallen tun ihm grad keine.

Lulu!

Fechsung 31
Was ist Humor?[1]

Bei meiner Knappenprüfung hat mir der Schulrat, Ritter Paddel-Du vom Fuhsetal, unter anderem die Frage gestellt, was dieser so genannte ‚Humor' eigentlich sei. Zwar habe ich seine Frage zufrieden stellend beantworten können, aber es wurde auch deutlich, dass es sich um eine überaus komplexe Materie handelt. Deshalb habe ich mich mit diesem Thema noch etwas näher befasst und dabei folgendes Ergebnis erzielt:

Der so genannte ‚Humor' ist ein vielschichtiger Vorgang, Da wäre zunächst der technische Ablauf: Vom Herzen der Person A wird eine Rohrpost zu den Stimmbändern geschickt, die diese in Schwingungen versetzt. Dadurch werden über den Mund Geräusche erzeugt, die sich zu so genannten ‚Wörtern' formen. Diese ‚Wörter' dringen bei Person B durch das Ohr in den Körper ein und stoßen bis zum Zwerchfell vor. Dieses kitzeln die ‚Wörter' so lange, bis dem Mund von Person B glucksende Laute entweichen, die oftmals Haha, manchmal auch Hihi, seltener Hehe oder Hoho lauten. Auch Hähä ist bekannt, wird aber meistens vermieden, weil es angeblich sarkastisch sein soll und daher negativ belegt ist.

Zu dem technischen Ablauf gesellt sich noch ein biologischer Vorgang. Der entsteht, wenn die glucksenden Laute von der wachhabenden Gehirnzelle in Sektor 4 des Gehirns von Person B registriert werden. Sie schaut sich dann den Vorgang an und drückt bei Zufriedenheit den ‚Gefällt-mir'-Knopf. Daraufhin werden Glückshormone ausgestoßen, die bei Person B für ein von der Realität losgelöstes Gefühl sorgen, was als ‚Heiterkeit' bekannt ist. Dieses äußert sich oftmals durch körperliche Verrenkungen wie einer Verbiegung des Leibes an der Bauchachse beim Stehen oder bei sitzender Haltung durch wiederholtes patschendes Niedergehen der flachen Hand auf einen Schenkel (so genanntes ‚Schenkelklopfen').

Treten die technische und die biologische Komponente kumulativ auf, ist der Inhalt des ursprünglich Gesagten irrelevant, weil die so genannte ‚Heiterkeit' sowohl durch so genannte ‚lustige Texte', aber auch durch frivole Texte (so genannten ‚Zoten') oder durch makabre Texte (so genannten ‚Schwarzer Humor') ausgelöst werden kann.

Abgeschlossen wird die Humorbildung aber erst durch einen metaphysischen Vorgang. Hierbei registriert die wachhabende Gehirnzelle in einem anderen Bereich des Gehirns von Person B sowohl die glucksenden Laute aus dem Mundbereich als auch die körperliche Aktivität. Sagt ihr die Summe der Aktivitäten zu, drückt sie einen eigenen ‚Gefällt-mir'-Knopf, wodurch eine Rohrpost an das Herz von Person B abgeschickt wird. Durch die Information an das Herz wird der Humor erst vervollkommnet. Zudem unterscheidet sich nur durch die Einbindung des Herzens der ‚Humor' vom so genannten ‚Witz'. Was da nun konkret im Herzen vorgeht, muss Euch ein Kardiologe erklären, wir Gelotologen[2] sind dafür nicht zuständig. Dennoch dürfte das Wesen von Humor jetzt deutlich geworden sein.

<u>Anmerkungen:</u>
1 Die Fechsung wurde im Stile eines wissenschaftlichen Vortrages gehalten.
2 Gelotologie ist die Lehre vom Lachen, im weitesten Sinne damit auch die Lehre vom Humor.

Fechsung 32

Schlaraffen hört!

Als Angestellter von einer Katze und einem Kater habe ich von meinen vierbeinigen Herrschaften heute Ausgang bekommen, weil das Thema ‚Kater- und Katzensippung' lautet. Meine beiden Samtpfoten inspirieren mich immer wieder zu Texten. Katze Paula und ihre Vorgängerin, Katze Foxi, beispielsweise zu folgendem Choka:

Lautes Begehren

Kratzen an der Tür,
Geräusch von Krallen auf Holz,
plötzlich herrscht Stille,
doch dann ertönen ‚Miau',
hallen durch den Flur:
Die Katze begehrt Ausgang,
der nächtliche Garten lockt.

Mein Kater George ist dagegen ein ganz ruhiger Geselle, der gutes Futter und einen gemütlichen Schlafplatz sehr zu schätzen weiß. Deshalb sind Fressen und Schlafen seine beiden Lieblingshobbys. Wenn er auf dem Sofa liegt und sich im Schlaf bewegt, überlege ich oft, was er wohl gerade träumen mag. Dabei hat er mich zu folgendem Haiku inspiriert:

Klirrende Kälte,
mein Kater auf dem Sofa
träumt von Sonnenschein.

Neulich hat er wieder tief geschlafen, was mich zu folgendem Haiku geführt hat:

Mein alter Kater
träumt von den Abenteuern
aus seiner Jugend.

Gerade das Verhalten von George klingt geradezu menschlich, womit er die Aussage des Comic-Katers Garfield bestätigt, der in einem Tagesstrip sagt: „Schließlich sind wir Katzen nur kleine Menschen mit Fell und Krallen."[1]

Lulu!

<u>Anmerkung</u>

1 Jim Davies: Garfield, Tagesstrip vom 12.10.1979. In: Garfield Gesamtausgabe, Band 1: 1978 bis 1980, Ehapa Comic Collection, Egmont Verlagsgesellschaften mbH. Köln 2006, S. 214. Bereits in dem Tagesstrip vom 22.01.1979 sagt Garfield: „Ich bin eben auch nur ein Mensch.", ebda, S. 102.

Fechsung 33
Das Wort zum Mittwoch

Seid aufgelegt zu Scherzen,
seid fröhlich und gar heiter,
tragt Schlaraffia im Herzen
und des Uhus Vermächtnis weiter.

Fechsung 34
Ein Platz für Tiere
(zum Gedenken an Bernhard Grzimek[1])

Schlaraffen hört!

In der letzten Zeit hört man viel von bedrohten Schlaraffenreychen[2], aber auch andere ‚Reiche' sind vom Untergang bedroht.

(Hinweis: Während des Sprechens die Sprachweise von Bernhard Grzimek nachmachen. Im Arm eine Stoffeule[3], die durch Bewegungen in die Fechsung eingebaut wird.)

Liebe Freunde!

Neulich bin ich, Gernhart Grimek (eine Stoffeule im Arm), mit Otto (Stoffeule verneigt sich vor dem Publikum) in einem dunklen Wald spazieren gegangen und dabei über eine dunkle Wurzel gestolpert. Wie ich so dekorativ auf dem Waldweg lag, flog über mir ein Uhu mit leisem ‚Schuhu' dahin. Da sagte ich mir: ‚Mach mal wieder eine Sendung über eine bedrohte Tierart!' Den Uhu nahm ich dabei als Zeichen dafür, welchem Tier ich mich widmen sollte, allerdings nicht den europäischen Uhu, sondern einem seiner entfernt lebenden Verwandten.
Also flog ich auf die Philippinen. (hinter vorgehaltener Hand flüsternd) Zahlt ja alles der Sender. Dieses Land besteht aus mehr als siebentausend Inseln, von denen viele mit Wald in unterschiedlicher Dichte bedeckt sind: unberührte Urwälder, wilde Wälder, Nutzwälder und abgeholzte Wälder. Auf etlichen Inseln leben Eulenarten, wobei das Bemerkenswerte daran ist, dass

jede Art nur auf einer Insel lebt. Zerstört man ihren Lebensraum, stirbt die jeweilige Art aus, eine Ansiedlung auf einer anderen Insel ist nicht möglich. Mein Weg hat mich auf die Insel Mindanao geführt. Das ist die zweitgrößte Insel der Philippinen. Dort lebt der Streifenuhu, auch Philippinen-Uhu oder Bubo Philippensis genannt. Es handelt sich dabei um eine verhältnismäßig seltene Art, die als gefährdet eingestuft wird. Derzeit gibt es zwischen zweitausendfünfhundert und zehntausend erwachsene Tiere. Die zunehmende Fragmentierung seines Lebensraums wird durch illegalen Holzeinschlag und Brandrodungen gefährdet. Allein auf Mindanao ist der Waldbestand um 29 Prozent zurückgegangen, so dass die Bestände des Philippinen-Uhus auf die Schutzzonen und Nationalparks zurückgedrängt werden.[4] Zum Glück gibt es engagierte Naturschützer, die sich vor Ort für den Fortbestand des Philippinen-Uhus einsetzen.[5] Ihnen allen sei an dieser Stelle gedankt! Vielleicht gibt es dank dieser Menschen noch Hoffnung, dass der Philippinen-Uhu einen Platz auf dieser Erde behalten kann.

Mit dieser Hoffnung rufen Otto und ich euch zu:
Habt Dank fürs Zuhören und herzlich Lulu!

Anmerkungen:

1 Bernhard Grzimek (geb. 24. April 1909 in Neisse/Oberschlesien, gestorben 13. März 1987 in Frankfurt am Main) war Tierarzt, Verhaltensforscher und langjähriger Direktor des Frankfurter Zoos. Bekannt geworden ist er als Autor und Herausgeber von Tierbüchern sowie durch die Fernsehreihe ‚Ein Platz für Tiere' der ARD, vgl. https://de.wikipedia.org/wiki/Bernhard_Grzimek, zuletzt eingesehen am 26.02.2018.

2 Das ist ein Hinweis auf den Aufsatz ‚Wir werden älter, wir werden weniger!' in ‚Der Schlaraffen Zeytungen', 146. Jg., Nr. 1 vom 01. Feb. 2018, S. 2, der im Castellum Peinense sowie in vielen anderen Reychen für Gesprächsstoff gesorgt hat.

3 Die Stoffeule wurde für die Vorführung freundlicherweise von meiner Burgfrau Antje aus ihrer Eulensammlung zur Verfügung gestellt.

4 Die Angaben wurden entnommen: https://de.wikipedia.org/wiki/Streifenuhu, zuletzt eingesehen am 26.02.2018.

5 Diese Danksagung ist ein Hinweis auf das Schutzprogramm der Stiftung Artenschutz und zugleich eine Danksagung an deren Helfer vor Ort. Der Verfasser ist Pate für den Philippinen-Uhu und unterstützt auf diese Weise die Arbeit der Stiftung Artenschutz.

Fechsung 35
Zur Ehrenrettung von Friederike Kempner[1]

In alten, längst vergangnen Zeiten
tat eine Frau auf diesem Erdrund schreiten,
auf dem es gab recht viel Missestände,
und sie tat helfen durch ihre Hände.

Friederike Kempner, du warst belesen[2],
von Menschenliebe erfüllt gewesen,
drum hast du Bücher viel geschrieben,
damit Reformen vorangetrieben.

Die unmenschlich schlimme Einzelhaft
hast mit einem Buch du abgeschafft[3],
für Leichenhäuser gekämpft hast du,
kein Scheintoter sollt gehn zur ew'gen Ruh[4].

Du bist ein echter Philanthrop gewesen,
doch das tut selten man heut lesen,
dafür wirst gern du heut verlacht,
für Dinge, die du nicht hast gemacht.

Vergessen Trauerspiele und Novellen,
die Gedichte schlagen hohe Wellen[5],
schriebst Verse schön, nicht immer rein,
und dies nun soll dein ganzes Erbe sein?

Gewiss, du warst kein Bertermann[6],
an Philo vom Walde[7] kamst du nicht ran,
das Dichten nicht deine Stärke war,
das kann erkennen man schon recht klar.

Doch hattest du gar viele Feinde
in der Dichter großen Gemeinde[8],
Fremde einst in deinem Namen fechsten[9,]
und heut man sich ergötzt an diesen Texten,

Ausgehn muss man noch dazu,
dass deine politisch Feinde gaben keine Ruh,
so dass beförderten sie die Schande,
auf dass jeder deinen Namen kannte.

Mostar tat die dummen Verse einst dann finden,
in einem Buch mit deinem Namen binden[10],
so dass die Welt tut über dich heut richten
wegen Versen, die du nie tatest dichten.

Verunglimpft hat dich dieser elend' Wicht,
doch geschadet hat's dem Mostar nicht,
denn du warst tot, konntest dich nicht wehren[11],
so man tut verlachen dich anstatt zu ehren.[12]

Doch wer der Wahrheit sich verschreibt,
sorgt dafür, dass hoch dein Ansehn bleibt!
So ruh getrost auf deinem Friedhofsplatz[13],
denn du warst ein menschlich großer Schatz!

Anmerkungen:

1 Friederike Kempner wurde am 25. Juni 1828 in Opatow in der Provinz Posen geboren und starb am 23. Februar 1904 auf Gut Friederikenhof bei Reichthal in Schlesien, vgl. https://de.wikipedia.org/wiki/Friederike_Kempner, zuletzt eingesehen am 30. Oktober 2017, S. 1.

2 Kempner stammte aus einer reichen jüdischen Familie und wurde von ihrer Mutter in der französischen Sprache, der Literatur und der jüdischen Aufklärung ausgebildet, vgl. ebda., S. 1.

3 1884 erschien ihr Buch ‚Das Büchlein von der Menschheit. Mit einem Anhange: Gegen die Einzelhaft oder das Zellengefängnis', mit dem sie eine Reform des Gefängniswesens auslöste, vgl. ebda., S. 1.

4 Zu Kempners Zeiten war der Scheintod medizinisch nicht immer feststellbar. Mit ihrer 1850 erstmals veröffentlichten ‚Denkschrift über die Nothwendigkeit der gesetzlichen Einführung von Leichenhäusern' setzte sie sich erfolgreich für die Errichtung von Leichenhäusern und die Verlängerung der Karenzzeit zwischen Tod und Bestattung ein, vgl. ebda.., S. 1 f.

5 Kempner war eine produktive Verfasserin von Streitschriften, Novellen und Dramen, vgl. ebda., S. 2 i.V.m. der Aufzählung einer Auswahl ihrer Werke auf ebda., S. 4 f.

6 Der Schneider Bertermann war ein schlesischer Dialektdichter aus Fischbach im Riesengebirge. Von seinen volkstümlichen Dialektdichtungen konnte fast jeder Riesengebirgler einige Gedichte auswendig hersagen. Die Zeitung ‚Der Bote aus dem Riesengebirge' hatte seine Gedichte im Druck herausgebracht. Bertermann

starb 1831 in Fischbach im Riesengebirge im Alter von einunddreißig Jahren, vgl. Heinrich Spiller: Schlesische Dialektdichter – Literarische Studie. In: Heinrich Spiller: Mein Heimatdorf und seine Umgebung, Heinrich-Spiller Werkausgabe Bd. 3. Norderstedt 2015, S. 332.

7 Philo vom Walde, der mit bürgerlichen Namen Johannes Reinelt hieß, war 1859 in Kreuzenort bei Leobschütz als armer Weberjunge geboren. Ein Gönner ermöglichte ihm das Lehrerstudium. Zwei hochdeutsche Gedichtbände (,Vagantenliede'" und ,Sonntagskinder') hat er geschrieben und etwa fünf Bände schlesische Dialektgeschichten und -Gedichte. Er versuchte sich als Dramatiker und schrieb einen Versepos ,Die Leute-Not' welche wohl neben Fritz Reuters Versdichtung ,Hanne Rüte' gestellt werden könnte. Er gab den ,Gemittlichen Schläsinger'-Kalender von 1899 bis 1905 heraus. Lange Jahre war er Lehrer in dem Ort Nowag bei Neisse, wurde dann Mittelschullehrer in Breslau, wo er schon 1906 an Magenkrebs starb, vgl. Heinrich Spiller: Schlesische Dialektdichter – Literarische Studie. In: Heinrich Spiller: Mein Heimatdorf und seine Umgebung, Heinrich-Spiller Werkausgabe Bd. 3. Norderstedt 2015, S. 334.

8 Der Schriftsteller Paul Lindau hatte Kempners Gedichte 1880 in der von ihm selbst herausgegebenen Wochenschrift ,Die Gegenwart' auf höchst ironische Weise vorgestellt, vgl. Wikipedia, a.a.O., S. 2.

9 In den Jahren 1885 und 1891 erschienen zwei Gedichtbände von Anonymus. Daneben wurden zwischen 1886 und 1896 viele Parodien von zahlreichen Verfassern im ,Aeolsharfen-Kalender' der literarischen Gesellschaft ,Allgemeiner Deutscher Reimverein' herausgegeben, vgl. ebda., S. 2.

10 Herrmann Mostar veröffentlichte 1953 die Parodien und tat dabei so, als wären es Originale von Friederike Kempner. Als dieser Schwindel aufzufliegen drohte, weil sich die Texte nicht in den zu Lebzeiten Kempners veröffentlichten Gedichtbänden finden lassen, erfand Mostar eine abenteuerliche Geschichte um die Authentizität zu belegen, vgl. ebda., S. 2.

11 Friederike Kempner starb im Jahre 1904, vgl. Anmerkung 1, während das Buch von Herrmann Mostar erst im Jahre 1953 erschien, vgl. ebda., S. 2.

12 Im Jahre 1871 wurde sie für ihr Engagement mit der ,Gedenkmünze für Pflichttreue im Kriege' ausgezeichnet, vgl. ebda., S. 2. Auf ihrem Grabstein steht zu le-

sen: „Ihr Leben war geistiger Arbeit und Werken der Nächstenliebe geweiht.", vgl. ebda. S. 1.

13 Das Urnengrab von Friederike Kempner befindet sich auf dem Alten Jüdischen Friedhof in Breslau, vgl. ebda., S. 1.

Fechsung 36.1
Ode an eine wunderbare Frau[1]

In des Daseins Winter dümpelte ich,
doch dann meine Augen erblickten dich,
die schönste Blume unter den Frauen,
auf des Lebens weiten grünen Auen.

Dein Blick sank tief auf meines Herzens Grund,
entflammt war mein Herz zu dieser Stund,
deine Augen für mich taten leuchten,
den Seelenwinter sie mir verscheuchten.

Sofort noch in derselben Stunde
baut' ich in tiefstem Herzensgrunde
eine Kathedrale dir zu Ehren,
um dir zu danken für dies Begehren.

Darin erricht ich Stel' auf Stele
als Dank für mein gerettet Seele,
denn du für mich der Seele Sonne bist,
des Lebens Dasein wär sonst arg trist.

Wie ewig sich erhebt ein neuer Tag
verkündet stets mein Herz von Schlag zu Schlag,

die Botschaft meiner Liebe zu dir,
solang ich wandle auf der Erde hier.

Dereinst, mit dem letzten Zug der Lungen,
wird von mir ‚Ich liebe dich' gesungen,
selig denkend an die vielen Stunden,
die wir in Liebe waren verbunden.

Fechsung 36.2
Das Wort zum Samstag

Auch wenn die Abschiedsstunde schlägt,
das Herz das Sippungsandenken pflegt.

Fechsung 37
Neulich bei den Schlaraffen...

(Während des gesamten Auftritts: langsame Sprechweise à la Rüdiger Hoffmann oder Dieter Krebs in ‚Ich bin der Martin', sparsamer Bewegungsablauf)

(Langsames Winken mit einer Hand) Ja, hallo, ich bin der Gerhard.

Neulich war ich bei den Schlaraffen, echt jetzt. Da hat der Fungierende gesagt „Gerhard", (auf sich selber zeigend) also das bin ich, echt jetzt, „Du bist wichtig", hat er gesagt, „mach mal das Nichtambtliche Protokoll", echt jetzt. Das ist ein ziemliches Wortungetüm, ne, und deshalb nennen die das da NAP, echt jetzt.

Naja, wichtig war ich ja schon mal für jemanden, ne, nämlich für die Melanie, echt jetzt, für die war ich eine ganze Woche wichtig – dann hat sie den Torben kennen gelernt und von da ab ich war unwichtig, echt jetzt. Dabei ich nie verstanden, was sie an dem Torben findet, ne, das ist doch der totale Langweiler, echt jetzt, vollkommen lahm beim Reden und in seinen Bewegungen, ne. Dabei hatte die Melanie doch mit mir einen total dynamischen Typ, echt jetzt. Aber vielleicht habe ich sie mit meinem Aktivitätsdrang überfordert, ne, Frauen sind ja nicht so belastbar wie Männer, echt jetzt. Das haben wir erst neulich in unserer Männergruppe diskutiert und sind zum einhelligen Ergebnis gekommen, dass wir dynamischen Typen die Frauen überfordern und selber schuld sind, wenn's in der Beziehung nicht klappt, echt jetzt.

Und wegen der Erfahrungen mit der Melanie habe ich mir gesagt, mache ich das NAP lieber gleich, ne, wer weiß, wie lange ich für die Schlaraffen wichtig bin.

Also habe ich genau aufgepasst, ne, und da waren ganz viele Männer. Die einen waren normal gekleidet, die anderen hatten so bunte Mäntel und Mützen auf, ein Teil in Grün-Rot, die anderen waren bunt gemischt, echt jetzt.

Erst dachte ich ja, das wäre Karneval, ne, war's aber nicht, das habe ich sofort erkannt, weil es keine Funkenmariechen gab, echt jetzt. Obwohl, nicht überall, wo Tänzerinnen sind, ist auch Karneval, ne. Neulich bin ich im Fernsehen in eine Sendung geraten, wo gerade Hupfdohlen auf der Bühne waren, echt jetzt. Dachte mir, toll, Karneval, bleibste mal dran und hörst dir ein paar Büttenreden an, ne. Naja, wie die Hupfdohlen dann von der Bühne runter sind, sind viele Typen reingekommen, die alle das gleiche Kostüm angehabt haben, echt jetzt. Nur die großen Nummern darauf waren unterschiedlich, ne, aber ist ja klar, wenn alle das gleiche Kostüm haben, muss man sie durchnummerieren, echt jetzt. Aber dann habe ich gemerkt, dass das ein Basketballspiel war und die Hupfdohlen die Pausenfüller, echt jetzt. Kennt ihr Basketball? Versteht ihr die Regeln? Also ich nicht, genau wie bei den Schlaraffen, ne. Da wurde auch von einem Spiel geredet und von einem ‚Goldenen Ball', echt jetzt. Erst dachte ich ja, das wäre der Pokal, den der Sieger kriegt, aber das soll das Sportgerät gewesen sein, echt jetzt. Ich habe während des gesamten Spiels keinen goldenen Ball gesehen, habe mir aber auch nichts dabei gedacht, weil ich ja beim Eishockey auch nie den Puck sehe, ne, nur in der Zeitlupe, echt jetzt. Mich hat aber schon gewundert, dass die Gegner von der Peinense so unterschiedliche Manteltrikots getragen haben, ne. Total überrascht war ich dann, als mitten in der ersten Halbzeit ein Spieler in die Mitte geholt wurde, echt jetzt. Ich dachte erst, dass das Spiel schon aus sei und nun der Mann vom Matsch geehrt werden soll, weil das kennt man ja vom Eishockey, ne, aber dann habe ich gemerkt, dass die den für viele Verdienste um den Verein ehren wollten, echt jetzt. Das fand ich total nett von denen, echt jetzt, und ich fands echt gut, dass der schon so lange für den gleichen Verein spielt, echt jetzt, weil das ist heutzutage ja nicht mehr selbstverständlich, ne.

Naja, irgendwann war dann die erste Halbzeit rum und alle sind an die Würstchenbude gestürmt, wo es aber auch anderes echt leckeres Essen

gab, echt jetzt! Ja, und dann war da die zweite Halbzeit, da wurde geredet, gelacht und gesungen, ne, aber nicht so Sachen wie man sie aus dem Fußballstadion kennt, also nicht ‚Mannschaft X, ihr stinkt' oder ‚Schiri, wir wissen, wo dein Auto steht', ne, das waren so andere Sachen, echt jetzt.
Irgendwann muss das Spiel dann zu Ende gewesen sein, weil der Stadionsprecher, den die da ‚Cemo' nennen, echt jetzt, das Ergebnis verkündet hat. Da habe ich messerscharf geschlossen, dass das ein Spiel war und die mit den bunten Manteltrikots eine Auswahlmannschaft waren, ne, also die besten Spieler aus den umliegenden Mannschaften oder die Spieler, die gerade Zeit hatten, echt jetzt, und daraufhin habe ich rasiermesserscharf geschlossen, dass es sich um ein Freundschaftsspiel gehandelt hat, echt jetzt. Aber mal ehrlich: Welcher echte Sportfan interessiert sich schon für ein Freundschaftsspiel?

(Langsames Winken mit einer Hand) Lulu!

(Mit lauter Stimme in Richtung Fungierenden:)
Eure Herrlichkeit, ihr müsst aufwachen, ich bin fertig!!

Fechsung 38
Otto Bögeholz in seinen letzten Jahren 2

Die letzten Lebens- und Schaffensjahre von Otto Bögeholz sind noch immer weitgehend unerforscht.[1] Nun hat beim letzten Symposium ein gewisser Knappe 167 aus dem Castellum Peinense die Theorie aufgestellt, dass Bögeholz als Auftragsschreiber[2] für Karl May geschrieben haben könnte.[3] Diese Theorie erscheint für die Amerikageschichten logisch begründet zu sein, aber zum Orient hatte Bögeholz keine Kontakte, weshalb hier die Theorie des Knappen 167 Risse bekommt. Angesichts der stilistischen Ähnlichkeiten zwischen den Amerika- und den Orientgeschichten halte ich für beide Bereiche die Autorschaft von einer Person für wahrscheinlich. Damit bricht aber die Theorie des Knappen 167 bezüglich der Verbindung von Otto Bögeholz zu Karl Mays Werk bedauerlicherweise endgültig zusammen. Im Rahmen meiner Forschungen hat sich jedoch ein anderer Erklärungsansatz herauskristallisiert:

Der Schlüssel liegt in der Arbeit des Ritter Sym-Pathos[4], der bei seinen Recherchen zu Otto Bögeholz auf das Gedicht ‚Die Forelle' aus dem Jahre 1821[5] gestoßen ist. Diesen Text hat er im Jahre 1987 analysiert. Dabei hat besonders die Zeile „und flüchteten retour" seine Aufmerksamkeit erregt. Sym-Pathos hat hervorgehoben, dass die Verwendung eines französischen Wortes in einem Gedicht von einem Deutschen im Jahre 1821 „provozierend kühn und feinsinnig-kritisch zugleich" sei, weil die Freiheitskriege gegen Napoleon[6] noch gegenwärtig waren.[7] Vor diesem Hintergrund dürfte es sehr wahrscheinlich sein, dass Otto Bögeholz fortan von den politischen Eliten misstrauisch beobachtet worden ist. Wenn er in den Augen der herrschenden Elite aber als nicht vertrauenswürdig galt, dürfte er in der Folge bei vielen Verlagen große Schwierigkeiten mit der Unterbringung seiner Texte gehabt haben. Dies galt sicher umso mehr in Zeiten, in denen erneut Kriege tobten, beispielsweise 1866[8] und 1870/71[9]. Um dennoch schreiben und veröffentlichen zu können, wäre Bögeholz also entweder zur Anpassung gezwungen gewesen oder er musste sich andere Wege suchen. Diese eröffneten sich ihm in den literarischen Gesellschaften, die im 19. Jahrhundert beinahe überall entstanden sind. Die bekanntesten dieser Vereinigungen sind dank Theodor Fontane der ‚Tunnel'[10], bei dem sich die Mitglieder Fantasienamen gaben und damit ansprachen[11], aber auch der ‚Eleusische Bund'[12], dem Joseph von Eichendorff mit dem Bundnamen ‚Flores' angehörte[13].

In Bezug auf Otto Bögeholz ist interessant, dass er mit Sicherheit durch seinen Freund Theodor Storm[14] Kenntnis von den literarischen Vereinigungen und deren Strukturen hatte, da Storm Mitglied im Tunnel (Tunnelname Tannhäuser) war[15]. Dass sich der Name Bögeholz nicht im Gästebuch, dem so genannten ‚Fremdenbuch', des Tunnel findet[16], beweist nur, dass er dem Tunnel keinen Besuch abgestattet hat, was angesichts der Entfernung von rund 500 Kilometern zwischen Tatenhausen und Berlin[17] nicht verwundert. Das macht es aber umso wahrscheinlicher, dass er sich einer literarischen Vereinigung im Umland von Tatenhausen angeschlossen und dort unter Pseudonym geschrieben hat. Leider konnte ich dort bislang keinen entsprechenden Zirkel ausfindig machen, was aber lediglich meinen überaus limitierten Mitteln geschuldet ist. Es wäre daher überaus wünschenswert, wenn das Bögeholz-Institut zur Fortsetzung dieser Studien entsprechende Forschungsgelder akquirieren und an mich überweisen könnte. Ich bin überzeugt, nach Zahlungseingang beim nächsten Bögeholz-Symposium neue, bahnbrechende Erkenntnisse präsentieren zu können.

Vielen Dank und Lulu!

Anmerkungen:

1 Vgl. Zeitgeschichtlicher Abriss in: Otto Bögeholz: Alles ist Gefühl. 3. Auflage, Celle 2016, S. 12.

2 Ein Auftragsschreiber oder ‚Ghostwriter' ist ein Autor, der im Namen und Auftrag eines anderen schreibt, vgl. Internetveröffentlichung unter https://de.wikipedia.org/wiki/Ghostwriter, zuletzt eingesehen am 17.03.2018.

3 Vgl. Knappe 167 (241): Otto Bögeholz in seinen letzten Jahren. Vortrag bei der Bögeholziade a.U. 158 in der Cell-Erika (zugleich 1663. Sippung der Schlaraffia Cell-Erika vom 07.04.2017). Ungedrucktes Manuskript.

4 Der vollständige Name lautet Ritter Sym-Pathos von Lulupinien. Er ist Ehrenritter in der Cell-Erika und Bögeholzritter.

5 Laut Ritter Sym-Pathos findet sich dieses Gedicht in einem alten Vereinsregister des Tatenhausener Jäger- und Anglerbundes e.V. und datiert aus dem Jahre 1821, vgl. Ritter Sym-Pathos: Die Forelle. Fechsung, datiert auf den 27.06.1987, S. 1.

6 Die französische Herrschaft in Deutschland brach nach der französischen Niederlage in der Völkerschlacht bei Leipzig 1813 zusammen, vgl. Harenberg Kommunikation Verlags- und Mediengesellschaft GmbH & Co. KG (Hg.): Geschichte der Deutschen. Chronik Verlag, Dortmund 1983, S. 477.

7 Ritter Sym-Pathos: a.a.O., S. 2.

8 Diese Jahresangabe bezieht sich auf den Deutschen Krieg (14.06. bis 23.08.1866) zwischen Österreich und Preußen, vgl. Harenberg Kommunikation Verlags- und Mediengesellschaft GmbH & Co. KG (Hg.): Geschichte der Deutschen. Chronik Verlag, Dortmund 1983, S. 582 f. Mit diesem Krieg wurde Österreich aus dem Deutschen Bund ausgeschlossen, vgl. Walter Kuhn/Michael Rüdiger Gerber: Geschichte Österreichisch-Schlesiens. In: Historische Kommission für Schlesien (Hg.): Geschichte Schlesiens, Bd. 3: Preußisch- und Österreichisch-Schlesien 1740 bis 1945, Verlag Degener und Co. 2011, S. 490-547, hier: S. 520.

9 Diese Jahreszahl bezieht sich auf den Deutsch-Französischen Krieg (19.07.1870 bis 26.02.1871), der schließlich zur Gründung des Deutschen Reiches führte, vgl. Harenberg Kommunikation Verlags- und Mediengesellschaft GmbH & Co. KG

(Hg.): Geschichte der Deutschen. Chronik Verlag, Dortmund 1983, S. 596 i.V.m. S. 598 f.

10 Der vollständige Name lautet ‚Tunnel über der Spree'. Diese Vereinigung bestand vom 03.12.1827 bis 30.10.1898, vgl. Internetveröffentlichung unter https://de.wikipedia.org/wiki/Tunnel_%C§%BCber_der_Spree, S. 1, zuletzt eingesehen am 18.09.2017. Daneben gab es den prosaischeren Namen ‚Berliner Sonntagsverein', vgl. Helmuth Nürnberger (Hg.): Theodor Fontane – Balladen, Lieder, Sprüche, Gedichte. Carl-Hanser-Verlag. München 1995, S. 1127, Anm. zu S. 445. Bezüglich Theodor Fontane und dem Tunnel: vgl. Ernst Kohler: Fontane im ‚Tunnel über der Spree'. In: Brandenburgische Jahrbücher 9. Theodor Fontane zum Gedächtnis. 1938, S. 23-34.

11 Bezüglich der Echtnamen der Mitglieder und den jeweiligen Vereinsnamen vgl. Internetveröffentlichung unter https://de.wikipedia.org/wiki/Tunnel_%C§%BCber_der_Spree, zuletzt eingesehen am 18.09.2017, S. 2-9.

12 Der Dichterzirkel ‚Eleusischer Bund' wurde 1807 gegründet. Joseph von Eichendorff war Gründungsmitglied, vgl. Internetveröffentlichung unter https://de.wikipedia.org/wiki/Otto_von_Loeben, zuletzt eingesehen am 17.03.2018.

13 Vgl. Joseph von Eichendorff: Werke. Carl-Hanser-Verlag. 6. Auflage München 2007, S. 1019.

14 Vgl. die Aufzählung der Freunde bei Thomas Ostwald: Braunschweigs skurrile Ecken und andere Merkwürdigkeiten, Folge 14: Warum es in Watenbüttel eine Otto-Bögeholz-Straße gibt. In: www.der-loewe.info, zuletzt eingesehen am 16.02.2017, S. 1.

15 Vgl. Internetveröffentlichung unter https://de.wikipedia.org/wiki/Tunnel_%C§%BCber_der_Spree, S. 8, zuletzt eingesehen am 18.09.2017.

16 Das Archiv des Tunnels befindet sich in der Humboldt-Universität Berlin. Es gibt zwei Links dorthin, vgl. Internetveröffentlichung unter https://de.wikipedia.org/wiki/Tunnel_%C§%BCber_der_Spree, S. 11, zuletzt eingesehen am 18.09.2017.

17 Eigene Berechnung der Kilometerzahl durch den Verfasser mittels https://www.falk.de/routenplaner, vorgenommen am 03.03.2018.

Fechsung 39.1
Schöne Zeit

Im Sommer war ich viel am Strand,
fing ein mir einen Sonnenbrand,
doch sah ich dort auch eine Maid
in einem kurzen, blauen Kleid.

Hübscher als die andren Frauen
war sie lieblich anzuschauen,
mit Sommersprossen im Gesicht,
was reizend war und störte nicht.

Ich fragte sie verzagt ganz leis,
ob ich ihr kaufen dürft ein Eis,
darob sie schien zu freuen sich,
und schließlich sie umarmte mich.

Sanft ich küsste ihre Lippen,
schöner ist's nur hier zu sippen,

danach genossen wir gar sehr
den hellen Strand, das weite Meer.

Doch flugs der Sommer zog dahin,
nun steck im alten Trott ich drin,
die Maid schon lange ist hinfort,
zurück in ihrem Heimatort

Die Liebelei, sie war nicht fest,
drum steh ich nun im Eulennest
erzähl euch von der lieblich' Maid,
von Sommersprossen, Herzeleid.

Ich hab genossen sehr die Zeit
mit dieser Maid im blauen Kleid,
mit Sommersprossen im Gesicht
die ich vergessen werde nicht.

Fechsung 39.2
Das Wort zum Mittwoch

Aus den Fehlern des Vorjahres zu lernen heißt, im neuen Jahr an Weisheit zu gewinnen.

Fechsung 40
Herbstlaub

Neblig ist's, die Blätter fallen,
rasch bedecken sie den Boden,
bergeshoch sie sich aufwallen,
ganz bedeckend die Grassoden.

Als dann schön ist mal das Wetter,
hurtig ich geh in den Garten,
schnell ich reche auf die Blätter,
Regen droht, drum gibt's kein Warten.

Dann ich sehe unsre Katzen,
voller Glück das Laub anschauend,
Anlauf nehmend mit den Tatzen,
sich den Sprung ins Laub schnell trauend.

Groß darob ist mein Entsetzen,
all die Arbeit war vergebens,
schnell die Katzen von hier wetzen,
ich seh Scherben meines Strebens.

Fechsung 41
Laute Gedanken

Trifft man sich im Schlaraffenbunde,
singt laut man gern in dieser Runde,
doch dann ist jener ganz schlecht dran,
der, es sei geklagt, nicht singen kann.

Leider, ich gesteh's ganz offen,
kann auf Wohlklang ich nicht hoffen,
meine Stimme tut schrecklich klingen,
drum darf daheim ich auch nicht singen.

Einzig Summen, das mir ist erlaubt,
doch weil's der Frau die gute Laune raubt,
ich konzentriere mich auf's Reden,
doch komisch, das erquickt nicht jeden.

Ich soll reden lang und monoton,
so anfangs ein jeder strebet schon
zu fliehen aus meiner Rede Raum
- Taktgefühl interessiert da kaum.

Ja, ich hab im Leben es sehr schwer,
gar manches läuft doch recht verquer,

doch trag ich es mit viel Humor,
- wahrscheinlich gelt ich drum als Tor.

Doch sollte man nicht übersehen,
dass alles ich kann überstehen,
denn sollte man mich zu sehr reizen,
werd ich singen, nicht mit Tönen geizen!

Doch weil Schlaraffen sind sehr friedlich,
nur Profanes kann verärgern mich,
drum jetzt ich ruf euch friedlich zu:
Vielen Dank, herzlich Lulu!

Fechsung 42

Schlaraffenstunde

Sondertitel: Sermon sucht S-Satzteile

Sehr schöner Sonnenuntergang,

Sippungszeit schlägt's schon.

Styxin sondiert schnell Stellung,

sodann sie serviert Speisen,

Säfte sowie Schaumlethe.

Schlaraffias Sassen schmelzen schnell,

sie schmachten sinnig schön.

Styxins Sympathiewerte steigen steil.

Sehr spaßhafter Sippungsverlauf:

Sassen sippen sorgenfrei,

singen schöne Sangeslieder,

sabbeln selig spaßig Sachen,

schlürfen sinnentrückt Schaumlethe.

Selten Sinne streichen Segel,

standfest Scharaffias Sassen sind.

So Sippungszeit schwindet schnell.

<u>Schlussbemerkung:</u>

Schöner Sippungsabend,

Sassen sind seelenfroh und sauvergnügt.

Fechsung 43
Das Wort zum Mittwoch:

Erinnerung ist neben Freundschaft ein hohes Gut, drum gedenkt der Ahnen voll Hochachtung und mit Respekt auch im Alltag, nicht nur an einem Gedächtnistag.

Fechsung 44
Nur Minne oder mehr?

Dereinst in höfischer Zeit sich der Stimmen Klang
stets sich formte zum lieblichen Minnesang,
um zu betören die allerschönsten Frauen,
die anzureden man sonst sich nicht tat trauen.

Die Sänger alle wollten Liebe, Leidenschaft,
drum texteten und sangen sie mit ganzer Kraft,
um zu erreichen der Angebeteten Herz
- was war eine ernste Sache, gar niemals Scherz!

Doch ob die Sänger Erfolg damit einst hatten,
liegt dunkel in der Geschichte tiefem Schatten,
denn überliefert ist nur zur Liebe ihr Hang,
dazu vielleicht der Text von einem Gesang.

So steht es in Büchern, so hören wir es gerne,
in unsrer Zeit, aus geschichtlich weiter Ferne,
doch war dies wirklich der Sänger ganzes Streben,
wollten sie nicht auch Ruhm fürs ewige Leben?

Hatten außer Liebe sie noch andre Ziele,
weltliche, geistliche, deren vielleicht gar viele?

Wir wissen es nicht, wir sprechen nur von Liebe,
tun, als sein sie nur von ihrer Lust Getriebne.

Vergessen sind heut der vielen Sänger Namen,
unbekannt ihrer zahlreich' Auftritte Rahmen,
wir wissen nichts von der Sänger Stand und Leben,
von ihren Liebsten, den Träumen, ihrem Streben.

All dies zeigt den Menschen von heute nur eines:
Der Sänger Liebe war zwar etwas gar Reines,
doch vor dem mitleidslosen Zeitlauf der Geschicht'
reicht's dem Sänger zum beständigen Ruhme nicht.

Drum scheint es heut als sangen nur aus Liebe sie,
mehr interessiert, nach mehr fragen wir nie,
drum glauben wir Ignoranten, dass Liebessang
der Sänger ganzes Streben war ihr Leben lang.

An diesem Glauben halten wir gar gerne fest,
unterziehen ihn keinem Belastungstest,
denn zu romantisch ist das Bild vom Minnesang,
vom Sänger, der aus Liebe erhebt der Stimme Klang.

Fechsung 45
Das Wort zum Mittwoch

Zaubere an jedem Tag einem Menschen ein Lächeln ins Gesicht, dann lebt der Traum von einer besseren Welt weiter.

Fechsung 46
Adventszeit auf See

Im Christmond zieht ein kleiner Kahn
auf wilder Nordsee seine Bahn,
ein starker Wind weht übers Meer,
treibt eisig' Kälte vor sich her.

Den Schiffer rief hinaus die Pflicht,
bei hohen Wellen, schlechter Sicht,
doch trotz des Tagwerks großer Last
prangt Tanne an des Schiffes Mast.

Fechsung 47
Das Wort zum Samstag

Es brennen hell die Kerzen
und stimmen mild die Herzen,
doch denkt an die Bresthaften,
die nicht es zu uns schafften.

Fechsung 48
Das Wort zum Sonntag

Siehst du auf dem Heimritt die Sterne am Firmament leuchten, dann lass in deinem Herzen die Namen der gen Ahalla gerittenen Sassen strahlen.

Fechsung 49
Vielschichtige Sprache: Wesen und Zweck einer ‚Lüge'

In der heutigen Zeit wird oft der Vorwurf ‚Lügner' erhoben. Damit stellt sich die Frage, was der Begriff ‚Lüge' eigentlich darstellt. Bei einer näheren Betrachtung ist zunächst festzustellen, dass er in der öffentlichen Wahrnehmung negativ besetzt ist. Es wird sogar impliziert, dass nur böse Menschen lügen würden. Allerdings ist auch eine Verniedlichungsform, nämlich das so genannte ‚Flunkern' gebräuchlich. Aber was ist nun eine Lüge und wie grenzt sie sich vom Flunkern ab?

Für den Begriff Lüge gibt es mehrere Definitionen: In einer Folge der Fernsehserie ‚Ritas Welt' wird sie als ‚selektive Informationswandlung' bezeichnet. Daraus könnte man zunächst schließen, dass lediglich reale Informationen von unterschiedlichen Standpunkten aus betrachtet werden, wodurch sich aber die übliche Charakterisierung als ‚böse' nicht gleich erschließen würde. Nimmt man jedoch die Definition im ‚Jahresrückblick 2017' des ZDF hinzu, nach der Lügen ‚alternative Fakten' sind, wird klar, dass damit der Wahrheitsgehalt einer Lüge nicht automatisch der Realität entsprechen muss und sogar gegen Null tendieren kann. Aber warum sollte man überhaupt lügen? Um diese Frage zu beantworten, greifen wir auf Bruno Jonas zurück, der in einer Folge der Kabarett-Sendung ‚Die Klugscheißer' des BR die Lüge als ‚taktische Wahrheit' bezeichnet hat. Damit ist gemeint, dass jemand mittels einer Lüge ein bestimmtes Ziel erreichen will.

Zusammenfassend ist also eine Lüge eine selektiv ausgewählte alternative Aussage, die nicht zwangsläufig wahre Fakten enthalten muss und die aus taktischen Gründen zwecks Erreichung eines individuellen Zieles verbreitet wird. Damit aber steht eine Lüge im Widerspruch zur Wahrheit, die anerkanntermaßen nur guten und edlen Zwecken dient. Das bedeutet im Umkehrschluss, dass der Charakter einer Lüge gegenteilig von der Wahrheit, also böse sein muss. Für die Verniedlichungsform der Lüge, der so genannten ‚Flunkerei', gilt das jedoch erkennbar nicht in vollem Umfange, weil hier nach herrschendem Volksglauben das angestrebte individuelle Ziel nicht zwangsläufig böse sein muss, da diese Variante gerne von Kindern mit ihrem noch nicht ausgeprägten Verständnis von ‚Gut' und ‚Böse' in Anspruch genommen wird. Damit kommt der Flunkerei ganz offensichtlich die Rolle einer Zwischenposition zwischen ‚Lüge' und ‚Wahrheit' zu.

Nun gibt es zudem die These, dass jeder Mensch lügen würde. Aber trifft das auch tatsächlich zu? Nehmen wir als Beispiel meine Person, die seit Geburt per se zu den Guten gehört[1]. Wie wir festgestellt haben, kann die Verbreitung von selektiv ausgewählten alternativen Fakten nur dann eine Lüge sein, wenn das damit angestrebte Ziel eine negative Ausrichtung hat, also böse ist. Ein guter Mensch wie ich verfolgt hingegen niemals böse Ziele. Nichtsdestotrotz kann es aus Gründen der Selbstverteidigung erforderlich werden, dass der Gute bestimmte Fakten oder Absichten verschleiern muss. Gerhard A. Spiller hat hierfür den Begriff der ‚bewussten Desinformation' geprägt, da auf diese Weise die Entfaltung des negativen Lügenpotentials der bösen Menschen verhindert oder zumindest in eine für die Guten ungefährliche Richtung gelenkt werden kann. Damit handelt es sich zwar streng genommen ebenfalls um eine taktische Anwendung von selektiv ausgewählten alternativen und nicht zwangsläufig wahren Fakten, aber da die bewusste Desinformation einem guten und edlen Zweck dient, unterscheidet sie sich in diesem entscheidenden Punkt von der negativen Lüge. Damit ist bewiesen, dass einem guten Menschen wie mir die Lüge vollkommen fremd ist.

Abschließend bleibt noch zu klären, ob das Instrument der Lüge von Männern und Frauen im gleichen Sinne verwendet wird. Ein Blick auf die Liste der von der Geschichte als ‚Böse Menschen' deklarierten Personen offenbart ein männliches Übergewicht. Die Ursache dafür wird deutlich, wenn wir uns das Einsatzgebiet ihrer Lügen ansehen: Offensichtlich wird sehr oft im Politik- und im Geschäftsbereich gelogen, in dem Männer überproportional stark als Agierende vertreten sind. In diesen Kreisen dienen Lügen gewöhnlich als taktisches Mittel zum Machterhalt oder zur Machtmehrung. Anders sieht es hingegen bei den Frauen aus, denn Tiffany Malloy erklärt in Folge 2 von Staffel 4 der Serie ‚Auf schlimmer und ewig', dass Frauen nicht lügen würden, vielmehr ‚würden sie ‚nur die Wahrheit ein bisschen ihrer Stimmung anpassen'. Daraus folgt, dass Männer mit Lügen durchgängig böse Absichten verfolgen (was sicher auch auf einige Frauen zutreffen dürfte), aber die Mehrheit der Frauen mit einer Lüge kein nach außen gerichtetes negatives Potential entfalten, sondern einen auf sich selbst bezogenen Stimmungsausgleich herbeiführen will. Wenn also eine Frau lügt, stehen dafür anders als bei Männern gleich zwei mögliche Beweggründe zur Auswahl. Für einen neutralen Betrachter ist es angesichts dieser weiblichen Komplexität selten erkennbar, welchem Zweck die Lüge einer Frau tatsächlich dienen könnte. Hiermit wird aber deutlich, dass Frauen andere Beweggründe beim Lügen haben können als Männer.

Dieser kurze Exkurs belegt zum einen, dass Frauen ein Buch mit vierzehn Siegeln sind, da die Lösung von sieben Siegeln nicht ausreichen würde, um ihr Mysterium zu offenbaren. Zum anderen demonstriert die hier vorgenommene Betrachtung des Begriffes ‚Lüge' eindrucksvoll die Vielschichtigkeit von unserer Sprache.

<u>Anmerkung</u>

1 Die Tatsache, dass meine Person seit der Geburt per se zu den Guten gehört, ergibt sich aus folgendem Umstand: Mein Herz ist leicht, meine Seele rein, drum kann ich nur einer von den Guten sein.

Fechsung 50.1

Ein seekranker Klabautermann

Wir alle wissen, dass auf jedem Schiff ein Kobold namens Klabautermann mitfährt. Er treibt meist unsichtbar allerhand Schabernack, aber bei Gefahr warnt er auch den Kapitän.. Nun begab es sich um das Jahr 1855 herum, dass ein junger Klabautermann seinen ersten Dienst als Schiffsgeist aufnahm und zur See fuhr. Leider bekam ihm das überhaupt nicht, denn er wurde immerzu seekrank. Da nahm ihn schließlich Papa Klabautermann beiseite und sagte: „Junge, das Meer ist nichts für dich. Versuch es doch mal mit der Flussschifffahrt."

Das hat Klabautermann junior dann auch getan. Er heuerte auf einem Ausflugsschiff an, das immerzu einen Fluss namens Moldau hinauf- und hinunterfuhr. Das hat ihm gefallen, weil er nicht mehr seekrank wurde, schließlich sah er ja immerzu das Ufer. Außerdem hat es ihn unbändig gefreut, stets neue Menschen um sich zu haben. Da ein Klabautermann ja ein feinstoffliches Wesen ist, konnte er also immerzu ungesehen die Menschen belauschen. Dabei hörte er die Leute oft vom Deutschen Theater in Prag schwärmen, wo offensichtlich ganz tolle Stücke aufgeführt wurden. Das klang unglaublich lustig, und so beschloss Klabautermann junior, beim nächsten Aufenthalt in Prag das Theater aufzusuchen und sich ein eigenes Bild zu machen.

Gesagt, getan! Ende 1858 war es soweit und das Ausflugsschiff legte wieder einmal in Prag an. Sofort ging Klabautermann junior an Land und besuchte das Deutsche Theater. Er war von dem Gebäude, den Künstlern, dem Publikum und der gesamten Atmosphäre begeistert! So kam es, dass er fortan bei jedem Anlegen in Prag das Deutsche Theater aufsuchte, und da er ja ein feinstoffliches Wesen war, konnte er sich sogar von den Menschen unbemerkt hinter den Kulissen herumtreiben.

Wie er da eines schönen Tages im Frühjahr 1859 mal wieder hinter den Kulissen war, hörte Klabautermann junior zornige Stimmen. Sofort war seine Neugier geweckt und so erfuhr er, wie sich der Theaterdirektor Franz Thomé gar fürchterlich über eine ‚Kunstliebende Gesellschaft' aufregte, weil einer seiner Leute dort als angeblicher ‚Proletarier' abgelehnt worden war.[1] Das erinnerte Klabautermann junior an seine Zeit auf See – wenn das Schiff in einem Hafen angelegt hatte, wurde den Matrosen oftmals der Gang in bestimmte Tavernen verwehrt, weil dort die Offiziere unter sich bleiben wollten. Na, das gab aber jedes Mal eine schöne Schlägerei! Und wenn sich die Offiziere des eigenen Schiffes gegen die eigene Mannschaft stellten, wurden sie halt auch verprügelt. Das war ein Mordsspaß, allerdings musste sich die Mannschaft danach ein neues Schiff suchen.

Daran erinnerte sich nun Klabautermann junior. Sofort sprang er dem Direktor auf die Schulter und flüsterte ihm zu: „Ignorier die Trottel von der ‚Kunstliebenden Gesellschaft' und mach mit deinen Getreuen einen eigenen Verein auf." Im gleichen Moment, wie sich diese Worte im Bewusstsein des Direktors Thomé entfalteten, war von draußen der Ruf eines Uhus zu hören. Das wertete der Direktor als Omen und sofort machte er sich daran, einen neuen Verein zu gründen, der schließlich ‚Schlaraffia' getauft wurde. Wegen des Uhu-Rufes glaubte der Direktor, dass ihm dieser die Idee zur Vereinsgründung eingeflüstert hätte. Also wurde der Uhu zum Wappentier der Schlaraffia, aber eigentlich hat den Anstoß zur Gründung dieses Bundes ein seekranker Klabautermann gegeben.

So, von soviel Seemannsgarn ist meine Kehle nun ganz trocken, also gehe ich einen zwitschern.

Macht's gut, Lulu und Ahoi!

<u>Anmerkung</u>

1 Hierbei handelt es sich um einen Hinweis auf die Entstehungsgeschichte der Schlaraffia.

Fechsung 50.2
Das Wort zum Mittwoch:

Von jeher ist ‚Freundschaft' ein hehres Wort,
drum lebt sie stets, nicht nur an diesem Ort.

Fechsung 51
Sind komplexe mathematische Berechnungen alltagstauglich?
Überprüfung am Beispiel des Visuellen Idealwinkels (VIW)

In einer Folge der Serie ‚Coupling'[1] erklärt die Figur des Jeff Murdoch, dass es beim Betreten eines Raumes durch eine Frau in einem Rock irgendwo in diesem Raum einen ‚Visuellen Idealwinkel' (VIW) gebe, mit dem man einen direkten Blick unter den Rock auf ihre Schaltzentrale habe. Bevor mich der Fungierende nun unterbricht: Nein, der Uhu muss nicht verhängt werden, weil die Mathematik eine saubere und reine Wissenschaft ist, für die man sich nicht schämen muss.

Bevor wir uns der eigentlichen Fragestellung zuwenden können, müssen wir für die Skeptiker unter euch klären, ob überhaupt ein VIW existiert. Dafür benötigen wir eine Person x, die eine Frau ist, also x = ♀ Für die Gleichung zum Beweis des Visuellen Idealwinkels (VIW) benötigen wir neben dem VIW und der Person x eine Frau mit Rock. Eine Frau wird charakterisiert durch zwei x-Chromosomen, so dass wir folgende Gleichung erhalten:

$$VIW + \text{Person } x = \text{Frau in Rock,}$$
$$\text{also } VIW + x = x + x + R.$$

Nun können wir die Gleichung durch Herüberbringen von x auf die andere Seite mit umgekehrtem Vorzeichen kürzen und erhalten

$$VIW = x + R.$$

Wir wissen, dass x = Frau und R = Rock ist (s.o.), also ergibt sich daraus

$$VIW = ♀ + \text{Rock.}$$

Damit ist bewiesen, dass bei einer Frau im Rock ein VIW besteht.

Da solch ein VIW auch von einer zweiten Person ausgehen muss, machen wir nun die Gegenprobe. Dafür benötigen wir eine Person y. Da wir bei y von uns ausgehen, muss y also männlich sein, mithin y = ♂. Wir wissen, dass Männer durch ein x- und ein y-Chromosom charakterisiert werden. Wenn ein

Mann also einen Rock sieht, müssten wir einen VIW bei folgender Gleichung erhalten:

$$\text{VIW} + \text{Person } y = \text{Mann} + \text{Rock}$$
$$\text{also VIW} + y = x + y + R.$$

Nun lösen wir die Gleichung in Bezug auf y wie schon oben vorgeführt auf und erhalten

$$\text{VIW} = x + R.$$

Wir wissen ja, dass x = Frau und R = Rock ist (s.o.). Daran anknüpfend ist bewiesen, dass seitens eines Mannes beim Anblick einer Frau im Rock ebenfalls ein VIW besteht.

Da auch die Gegenprobe bestanden ist, haben wir somit die Existenz eines VIW bewiesen.

Mit dem Wissen um seine Existenz können wir versuchen, eine Formel zu seiner Berechnung zu finden. Dazu benötigen wir zunächst einen Raum als Rahmen. Dessen Inhalt berechnet man mit Länge mal Breite mal Höhe, also L x B x H. Daneben müssen wir aber noch weitere Komponenten berücksichtigen:

Da wäre zunächst eine Frau, die den Raum betritt. Mit jedem Schritt bewegt sie sich vorwärts. Das aber bedeutet, dass nach jeder Bewegung ein neuer VIW im Raume ist. Im Laufe der Zeit haben wir es somit nicht nur mit VIW_1 zu tun, sondern mit VIW_2, VIW_3 und so weiter bis VIV_{n+1}. Da die Anzahl der VIW natürlich sein muss, muss n Bestandteil der Menge der natürlichen Zahlen N sein, also $n \in N$.

Des Weiteren ist die Anzahl der VIW abhängig von der zeitlichen Aufenthaltsdauer der Frau im Raum, so dass wir Ankunfts- und Abgangszeit berücksichtigen müssen, also

$$\text{Zeit} = \text{Uhrzeit Gehen} - \text{Uhrzeit Kommen,}$$
$$\text{also } t = U_G - U_K$$

Zudem dürfen wir die Schrittlänge der Frau nicht außer Acht lassen, sodass die Komponente

Gesamtschrittlänge = Schrittlänge linkes Bein + Schrittlänge rechtes Bein

und somit $SL_G = S_{LB} + S_{RB}$

berücksichtigt werden muss.

Dank interdisziplinären Wissens können wir die Menge der möglichen VIW eingrenzen: Wir wissen, dass sich die Schaltzentrale einer Frau in ihrer Körpermitte befindet. Da die Körperlänge einer Frau gewöhnlich kleiner als die vorhin erwähnte Raumhöhe H ist, kann man die Suche nach dem VIW dahingehend eingrenzen, dass man den VIW auf halber Raumhöhe oder darunter suchen muss, also muss gelten:

VIW < oder = H/2.

Nun gilt es noch, die Raumtemperatur zu berücksichtigen, da diese Auswirkungen auf die tiefste Position des Rocksaumes haben könnte. Ebenfalls einzubeziehen gilt es den Standort von Person y und den Blickwinkel zu Person x. Sobald man auch diese Komponenten festgelegt hat, könnte man den VIW berechnen. Aber mal ehrlich: Wer will sich schon in eine Ecke stellen und eine solch hochkomplexe Berechnung durchführen, wenn sich ein scharfes Gerät im Raum befindet, das von der Konkurrenz ähnlich wie ein Stück Käsekuchen[2] von Schmeißfliegen umschwärmt wird? Es dürfte wesentlich effizienter sein, sich zu der Frau zu begeben, sie in ein Gespräch zu verwickeln, tüchtig Wein zu kredenzen und zu hoffen, dass möglichst viel passiert. Damit kommen wir auf die eingangs gestellte und hier zu betrachtende Ausgangsfrage zurück, nämlich: Sind komplexe mathematische Berechnungen alltagstauglich? Nach der soeben vorgenommenen Beweisführung können wir die Frage verneinen. Damit haben wir auf eine klare Frage eine deutliche Antwort gefunden, was einmal mehr belegt, dass Mathematik eine präzise Wissenschaft ist.

Damit ist die Vorlesung beendet. Vielen Dank.

Lulu!

<u>Anmerkung</u>

1 Der vollständige Titel der Serie lautet ‚Coupling – Wer mit wem?'.

2 Im Amerikanischen werden hübsche junge Frauen als ‚Cheesecake' (‚Käsekuchen') bezeichnet, angeblich weil sie so süß wie der Kuchen sind.

Fechsung 52
Schönheit kommt von innen

Immer wieder kann man hören, dass die Schönheit im Auge des Betrachters liege. Damit wird ganz offensichtlich auf die äußere Attraktivität eines Menschen abgestellt, da nur diese vom Auge erfasst werden kann. Nicht erfassen können die im Kopf eingebauten Linsen hingegen die Schönheit, die von innen kommt. Damit diese den Freunden der Ästhetik nicht ständig entgeht, macht man mit dem ‚Ruhmeslied auf die inneren Werte' dafür Werbung. Mit Erfolg, denn verschiedene Personengruppen lieben die innere Schönheit, wenngleich sie unterschiedliche Werte favorisieren.

Nehmen wir beispielsweise die Berufsgruppe der Ärzte. Diese interessiert sich sehr für die inneren Werte eines ‚Patient' genannten Mitmenschen, z.B. Blutwert, Cholesterinwert, Nierenwert und andere mehr. Allerdings sind hervorragende innere Werte nur für den Patienten gut, nicht aber für den Arzt. Die von innen kommende Schönheit eines Patienten auf der Basis seiner inneren Werte erschließt sich einem Arzt erst dann, wenn die Patientenwerte schlecht und die Arzthonorare entsprechend hoch sind. Ab einer gewissen Einkommenshöhe transformieren sich die inneren Werte des Patienten in visuell sichtbare Schönheit, beispielsweise in Form eines beheizbaren Schwimmbades im Keller oder einer Sauna im Garten der Arztvilla.

Neben den Ärzten haben auch Frauen ein gesteigertes Interesse an den inneren Werten, vor allem an denen von Männern. Im Gegensatz zu Ärzten interessieren sie sich aber überwiegend für die männliche Intelligenz. Nun ist die Messung des Intelligenzquotienten eigentlich eine überaus komplexe und langwierige Angelegenheit, aber Frauen haben ein eigenes System mit eigener Maßeinheit entwickelt, um diese Messung in Sekundenbruchteilen vornehmen zu können. Ausgehend von der Theorie, dass intelligente Männer wichtige und gut bezahlte Positionen innehaben, wird von Frauen die

Intelligenz eines Mannes an der Dicke seiner Brieftasche gemessen, weil diese den sofort verfügbaren Betrag abbildet, der in Handtaschen, Sonnenbrillen und Schuhen angelegt werden kann. Strebt ein weibliches Wesen eine längerfristige Bekanntschaft an, wird auch der Wert der unanfechtbar übereigneten Schmuckstücke und rechtskräftig überschriebenen Grundstücke mit einbezogen. Auf diese Weise wird die Intelligenz eines Mannes zwar auch in Zahlen ausgedrückt, aber anders als bei herkömmlichen Angaben zum Intelligenzquotienten üblich.

Wie die vorstehenden Ausführungen belegen, ist der Stellenwert der inneren Werte im täglichen Umgang weitaus höher angesiedelt als man zunächst annehmen möchte. Es tut gut zu wissen, dass die Mehrheit der lieben Mitmenschen nicht nur auf das schnöde Äußere achtet. Vor diesem Hintergrund möchte man natürlich etwas für seine innere Schönheit tun, was recht einfach ist: Seinen Arzt kann man mit einem ungesunden Lebenswandel erfreuen, während in Bezug auf Frauen bei schmaler Brieftasche das sorgsame Zurechtzuschneiden von Zeitungsseiten und das Mischen der banknotengroßen Zettel unter die Geldscheine im eigenen Portemonnaie Wunder wirken kann. Zumindest temporär, aber für eine vergnügliche kurze Zeit sollte das reichen. Mehr strebt ein Mann gewöhnlich auch nicht an. Man sieht, dass es wie so oft die einfachen Mittel sind, mit denen man den eigenen Schönheitsgrad und damit seine Beliebtheit bei den Mitmenschen erhöhen kann.

Vielen Dank und herzlich Lulu!

Fechsung 53
Amtskater

Im Rathaus Bonn gibt's große Klage,
es herrscht dort eine Mäuseplage,
drum zwei Parteien raten schnell
zu einem Profi mit glattem Fell.

Ein Kater das Malheur soll richten,
drum man ins Tierheim fährt zum Sichten,
denn das gehört zum guten Stile,
dort gibt es der Bewerber viele.

Auch wenn die Idee ist gar nicht schlecht,
fragt sich, was dazu sagt das Recht,
darf ein Kater ‚Angestellter' sein,
oder kommt er als ‚Beamter' rein?

Sollte gelten unser Arbeitsrecht
würd es ihm gehen gar nicht schlecht,
doch will man ihm Berappung verwehren,
weil er die Mäuse soll verzehren.

So das Tarifrecht böse wär' verletzt,
das Arbeitsrecht außer Kraft gesetzt,

auf diesem Weg es kann nicht klappen,
wir weiterhin im Dunkeln tappen.

Zu werden Beamter ist recht schwer,
es gibt Grundsätze von alters her,
die sind eine gar hohe Hürde,
und später eine schwere Bürde.

Beamte müssen verschwiegen sein,
mit einem Leumund sauber und rein,
auf Pflichterfüllung stets ganz erpicht,
die Anspruchshaltung dagegen schlicht.

Damit ist nun einem jeden klar,
dass eben er noch ein Kater war,
er zum Beamten bald wird ernannt,
was ihm beschert einen andren Stand.

Doch welches Amt er soll bekleiden?
Der Stadtrat Bonn muss dies entscheiden,
doch die Einstufung nicht fällt schwer,
als ‚Amtskater' kommt er bald daher.

Amtskater neben Amtmann, Amtfrau,
das klingt nach Fortschritt, darum als schlau,
damit wird ausgesondert niemand,
nicht Mensch, nicht Tier oder andrer Stand.

Anmerkung:

Die Inspiration zu dieser Fechsung kam durch die Zeitungsmeldung ‚Amtskater im Bonner Rathaus' in der Rubrik ‚Auch das noch' auf der Titelseite der ‚Braunschweiger Zeitung - Peiner Nachrichten' vom 15. im Hornung a.U 160 (= 15. Februar 2019).

Bonusmaterial
Andere Reyche, andere Sitten

Schlaraffen hört, ich sag es gerne,
wir kommen aus gar weiter Ferne,
aus dem schönen Niedersachsen,
wo man ist recht erdverwachsen.

Wir kommen her zu euch heut nun,
um uns den Fasching anzutun,
etwas, das in Peine man kaum kennt,
dort man hat ein anderes ‚Event'.

In Peine sind die Menschen kühl,
auch wenn das Wetter ist recht schwül,
doch manchmal tauen wir dann auf,
sind sonderbar vergnüglich drauf.

Doch nicht, weil's ist die Faschingszeit,
davor wir sind recht gut gefeit,
Freischießen ist das große Fest,
wer ‚Schützenfest' spricht, versagt im Test.

Die Schützen marschieren stets zu Fuß,
huld'gen Härke-Bier und tun dann ‚Buß',
und dicht behängt mit vielen Orden
sind sie metallne Denkmäler 'worden.

So tun die einen Fasching feiern,
andere nach Freischießen geiern,
dabei ist ‚Feiern' stets das Ziel,
der Name tut zur Sach' nicht viel.

Drum wollt ein andres Fest ihr sehen,
müsst ihr zu uns nach Peine gehen,
im Juli, am ersten Wochenend,
steigt dort der Schützen Großevent.

Drum tut nicht allzu lange zagen,
brecht auf und tut das Neue wagen,
dann könnt ihr doppelt tüchtig feiern:
in Peine und bei euch in Bayern.

Anmerkungen zu den Fechsungen

Fechsung 1: Vorgetragen als Prüfling bei der 2542. Sippung im Castellum Peinense am 29. im Lenzmond a.U. 157 zum Thema ‚Schlaraffendeutsch hat's nicht leicht'.

Fechsung 2: Vorgetragen als Knappe 167 bei der 2547. Sippung des Castellum Peinense bei Hantelmann in Münstedt am .14. im Wonnemond a.U. 157 zum Thema ‚Alles neu macht der Mai'.

Fechsung 3.1: Vorgetragen als Knappe 167 bei der 2549. Sippung im Castellum Peinense am 11. im Lethemond a.U. 157 zum Thema ‚Lethesippung, Rot oder Weiß, was soll es sein? Schenkt ein!'

Fechsung 3.2: Vorgetragen als Knappe 167 bei der 2549. Sippung im Castellum Peinense am 11. im Lethemond a.U. 157 zum Thema ‚Lethesippung, Rot oder Weiß, was soll es sein? Schenkt ein!'

Fechsung 4: Vorgetragen als Knappe 167 bei der 2550. Sippung im Castellum Peinense am 18. im Lethemond a.U. 157 zum Thema ‚Balladen'.

Fechsung 5: Vorgetragen als Knappe 167 bei der 1964. Sippung im Castellum Verdense (309) am 19. im Christmond a.U. 157 zum Thema ‚Es ist wieder so weit „Weihnachten".

Fechsung 6: Vorgetragen als Knappe 167 bei der 2560. Sippung im Castellum Peinense am 27. im Christmond a.U. 157 zum Thema ‚Zwischen den Jahren? Rauhnächte!'

Fechsung 7: Vorgetragen als Knappe 167 bei der 2561. Sippung im Castellum Peinense am 03. im Eismond a.U. 158 zum Thema ‚4-Zeiler-Ringsippung'.

Fechsung 8: Vorgetragen als Knappe 167 bei der 2564. Sippung im Castellum Peinense am 24. im Eismond a.U. 158 zum Thema ‚Was sagen uns die alten Griechen, Römer und Chinesen?'

Fechsung 9.1: Vorgetragen als Knappe 167 bei der 2566. Sippung im Castellum Peinense am 14. im Hornung a.U. 158 zum Thema: ‚Neues von Schicke-Schacke'.

Fechsung 9.2: Vorgetragen als Knappe 167 bei der 2566. Sippung im Castellum Peinense am 14. im Hornung a.U. 158.

Fechsung 10: Vorgetragen als Knappe 167 bei der 2567. Sippung im Castellum Peinense am 21. im Hornung a.U. 158 zum Thema ‚Barumer Moor'.

Fechsung 11: Vorgetragen als Knappe 167 bei der 2568. Sippung im Castellum Peinense am 28. im Hornung a.U. 158. Bei dieser Sippung war kein Thema vorgegeben.

Fechsung 12: Vorgetragen als Knappe 167 bei der 1658. Sippung in der Cell-Erika (346) am 03. im Lenzmond a.U. 158 zum Thema ‚Katzen- und Katersippung'. Von diesem Text gibt es mehrere Varianten. Bei dem gefechsten Text handelt es sich um die Version 1b.

Fechsung 13: Vorgetragen als Knappe 167 bei der 2922. Sippung in der Hildesia (190) am 13. im Lenzmond a.U. 158 zum Thema ‚4. Vatertag mit Mutter Brunsviga, Vater Hildesia und dem Castellum Peinense in der Hildesia'.

Fechsung 14.1: Vorgetragen als Knappe 167 bei der 1664. Sippung in der Cell-Erika (346) am 07. im Ostermond a.U. 158 zum Thema ‚Bögeholziade'.

Fechsung 14.2: Vorgetragen als Knappe 167 bei der 1664. Sippung in der Cell-Erika (346) am 07. im Ostermond a.U. 158.

Fechsung 15: Vorgetragen als Knappe 167 bei der 2574. Sippung im Castellum Peinense am 11. im Ostermond a.U. 158 zum Thema: 50 Jahre Schlaraffe und GU Ritter von Spahn und 50 Jahre Schlaraffe Ritter Tor-nah-Du

Fechsung 16: Vorgetragen als Knappe 167 bei der 2575. Sippung im Castellum Peinense am 18. im Ostermond a.U. 158. Bei dieser Sippung war kein Thema vorgegeben

Fechsung 17: Vorgetragen als Knappe 167 bei der 2576. Sippung im Castellum Peinense am 25. im Ostermond a.U. 158. Bei dieser Sippung war kein Thema vorgegeben (Wahlschlaraffiade).

Fechsung 18: Vorgetragen als Knappe 167 bei der 2578. Sippung im Castellum Peinense am 10. im Lethemond a.U. 158. Bei dieser Sippung war kein Thema vorgegeben.

Fechsung 19: Vorgetragen als Knappe 167 bei der 1668. Sippung in der Cell-Erika am 13. im Lethemond a.U. 158 zum Thema ‚Aberglaube und ähnliche Irrlichter'. Des Weiteren als Junker Gerhard vorgetragen bei der 2595. Sippung im Castellum Peinense am 20 im Hornung a.U. 159 zum Thema ‚Barumer Moor Gilde'. Bei der Sippung im Castellum Peinense verdunkelte Ritter Ben Ventilio der Grünfink zum vereinbarten Zeitpunkt das Burginnere, um den ‚Gruseleffekt' zu erhöhen. Auf ein bestimmtes Stichwort hin erhellte er den Raum dann wieder.

Fechsung 20.1: Vorgetragen als Knappe 167 bei der 2580 Sippung im Castellum Peinense am 24. im Lethemond a.U. 158 zum Thema ‚Hubertussippung'.

Fechsung 20.2: Vorgetragen als Knappe 167 bei der 2580 Sippung im Castellum Peinense am 24. im Lethemond a.U. 158.

Fechsung 21.1: Vorgetragen als Knappe 167 bei der 3638 Sippung in der Brunsviga am 26. im Lethemond a.U. 158 zum Thema ‚Otto-Bögeholz – Nur eine Straße?'

Fechsung 21.2 Vorgetragen als Knappe 167 bei der 3638 Sippung in der Brunsviga am 26. im Lethemond a.U. 158.

Fechsung 22: Vorgetragen als Knappe 167 bei der 2581 Sippung im Castellum Peinense am 07. im Windmond a.U. 158 zum Thema ‚Nebel über dem Peiner ‚Drei-Strom-Land''.

Fechsung 23: Vorgetragen als Knappe 167 bei der 2582 Sippung im Castellum Peinense am 14. im Windmond a.U. 158 zum Thema ‚Junker- und Knappen-Turney'.

Fechsung 24: Vorgetragen als Knappe 167 bei der 2583 Sippung im Castellum Peinense am 21. im Windmond a.U. 158 anlässlich der Ahalla-Feyer.

Fechsung 25.1: Vorgetragen als Knappe 167 bei der 2584 Sippung im Castellum Peinense am 28. im Windmond a.U. 158 anlässlich der Mirza-Schaffy-Feyer.

Fechsung 25.2: Vorgetragen als Knappe 167 bei der 2584 Sippung im Castellum Peinense am 28. im Windmond a.U. 158.

Fechsung 26: Vorgetragen als Knappe 167 bei der 2585 Sippung im Castellum Peinense am 05. im Christmond a.U. 158. Bei dieser Sippung war kein Thema vorgegeben.

Fechsung 27: Vorgetragen als Knappe 167 bei der 2587 Sippung im Castellum Peinense am 19. im Christmond a.U. 158 zum Thema ‚Feuerzangenbowle'.

Fechsung 28.1: Vorgetragen als Knappe 167 bei der 2588 Sippung im Castellum Peinense am 02. im Eismond a.U. 159 zum Thema ‚4-Zeiler-Ringsippung'.

Fechsung 28.2: Vorgetragen als Knappe 167 bei der 2588 Sippung im Castellum Peinense am 02. im Eismond a.U. 159.

Fechsung 29.1: Vorgetragen als Knappe 167 bei der 2590 Sippung im Castellum Peinense am 16. im Eismond a.U. 159 zum Thema ‚Märchen und Balladen'.

Fechsung 29.2: Vorgetragen als Knappe 167 bei der 2590 Sippung im Castellum Peinense am 16. im Eismond a.U. 159.

Fechsung 30: Vorgetragen als Junker Gerhard bei der 3651. Sippung in der Brunsviga (55) am 25. im Eismond a.U. 159 zum Thema ‚Limericks'. Des Weiteren wurde der Text bei der 2592 Sippung im Castellum Peinense vom 30. im Eismond a.U. 159 im Bereich ‚Ausrittsberichte' auf Wunsch des fungierenden Oberschlaraffen des Inneren, Ritter Lord Journalje wiederholt.

Fechsung 31: Vorgetragen als Junker Gerhard bei der 2592 Sippung im Castellum Peinense am 30. im Eismond a.U. 159. Bei dieser Sippung war kein Thema vorgegeben.

Fechsung 32: Vorgetragen als Junker Gerhard bei der 1684 Sippung in der Cell-Erika (346) am 16. im Hornung a.U. 159 zum Thema ‚Kater- und Katzensippung'.

Fechsung 33: Vorgetragen als Junker Gerhard bei der 2595 Sippung im Castellum Peinense am 20. im Hornung a.U. 159 zum Thema ‚Barumer Moor Gilde'.

Fechsung 34: Vorgetragen als Junker Gerhard bei der 2596. Sippung im Castellum Peinense am 27. im Hornung a.U. 159. Bei dieser Sippung war kein Thema vorgegeben.

Fechsung 35: Vorgetragen als Junker Gerhard bei der 3657. Sippung in der Brunsviga (55) am 08. im Lenzmond a.U. 159 zum Thema ‚Julchen Schrader und Friederike Kempner'.

Fechsung 36.1: Vorgetragen als Junker Gerhard bei der 1687 Sippung in der Cell-Erika (346) am 09. im Lenzmond a.U. 159 zum Thema ‚Minneturney mit Burgfrauen'.

Fechsung 36.2: Vorgetragen als Junker Gerhard bei der 1687 Sippung in der Cell-Erika (346) am 09. im Lenzmond a.U. 159 als ‚Wort zum Samstag'.

Fechsung 37: Vorgetragen als Junker Gerhard bei der 2598. Sippung im Castellum Peinense am 13. im Lenzmond a.U. 159. Bei dieser Sippung war kein Thema vorgegeben, aber es war die Erbfeyer von Ritter Waid-Manns-Heil.

Fechsung 38: Vorgetragen als Junker Gerhard bei der 1691. Sippung in der Cell-Erika (346) am 13. im Ostermond a.U. 159 zum Thema ‚Bögeholziade'.

Fechsung 39.1: Vorgetragen als Junker Gerhard bei der 2606. Sippung im Castellum Peinense am 02. im Lethemond a.U. 159 zum Thema ‚Sommersprossen'.

Fechsung 39.2: Vorgetragen als Junker Gerhard bei der 2606. Sippung im Castellum Peinense am 02. im Lethemond a.U. 159 als ‚Wort zum Mittwoch'.

Fechsung 40: Vorgetragen als Junker Gerhard bei der 2607. Sippung im Castellum Peinense am 09. im Lethemond a.U. 159 zum Thema ‚Der Herbst, die farbige Jahreszeit'; des Weiteren bei der 3668. Sippung in der Brunsviga (55) am 18. im Lethemond a.U. 159 zum Thema ‚Herbstsippung: Neblig ist's, die Blätter fallen'.

Fechsung 41: Vorgetragen als Junker Gerhard bei der 2609. Sippung im Castellum Peinense am 23. im Lethemond a.U. 159. Bei dieser Sippung war kein Thema vorgegeben.

Fechsung 42: Vorgetragen als Junker Gerhard bei der 2610. Sippung im Castellum Peinense am 30. im Lethemond a.U. 159 zur ‚77. Niedersächsischen Freundschaftssippung'.

Fechsung 43: Vorgetragen als Junker Gerhard bei der 2611. Sippung im Castellum Peinense am 06. im Windmond a.U. 159 als ‚Wort zum Mittwoch'.

Fechsung 44: Vorgetragen als Junker Gerhard bei der 2966. Sippung in der Hildesia am 26. im Windmond a.U. 159 als Beitrag zum ‚Turney um die Kette der schönen Künste'.

Fechsung 45: Vorgetragen als Junker Gerhard bei der 2614. Sippung im Castellum Peinense am 27. im Windmond a.U. 159 als ‚Wort zum Mittwoch'.

Fechsung 46: Als Gerhard A. Spiller beim Wettbewerb ‚Gedichte zur Weihnacht (Weihnachten/Advent im Norden)' des Norddeutschen Rundfunks (NDR) eingereicht und von diesem in seinem Teletext am 19.12.2017 veröffentlicht. Des Weiteren vorgetragen als Junker Gerhard bei der 2904. Sippung in der Landeshuota am 21. im Christmond a.U. 159 anlässlich der dortigen Uhubaumfeyer.

Fechsung 47: Vorgetragen als Junker Gerhard bei der 1707. Sippung in der Cell-Erika am 04. im Eismond a.U. 160 als ‚Wort zum Samstag'

Fechsung 48: Vorgetragen als Junker Gerhard bei der 3680. Sippung in der Brunsviga am 05. im Eismond a.U. 160 als ‚Wort zum Sonntag'

Fechsung 49: Vorgetragen als Junker Gerhard bei der 2619. Sippung im Castellum Peinense am 15. im Eismond a.U. 160. Bei dieser Sippung war kein Thema vorgegeben.

Fechsung 50.1: Vorgetragen als Junker Gerhard bei der 2620. Sippung im Castellum Peinense am 22. im Eismond a.U. 160 zum Thema ‚Seemann, deine Heimat ist das Meer'.

Fechsung 50.2: Vorgetragen als Junker Gerhard bei der 2620. Sippung im Castellum Peinense am 22. im Eismond a.U. 160 als ‚Wort zum Mittwoch'.

Fechsung 51: Vorgetragen als Junker Gerhard bei der 2621. Sippung im Castellum Peinense am 29. im Eismond a.U. 160. Bei dieser Sippung war kein Thema vorgegeben.

Fechsung 52: Vorgetragen als Junker Gerhard bei der 2623. Sippung im Castellum Peinense am 12. im Hornung a.U. 160 zum Thema ‚Schönheit liegt im Auge des Betrachters'.

Fechsung 53: Vorgetragen als Junker Gerhard bei der 1716. Sippung in der Cell-Erika am 08. im Lenzmond a.U. 160 zum Thema ‚Kater- und Katzensippung'.

Bonusmaterial: Geschrieben für die Faschingssippung der Schlaraffia Landeshuota am 09. im Hornung a.U.159. Angesichts des im Vorfeld geplanten umfangreichen Programms wurde die Fechsung nicht angemeldet und wurde bislang nicht gefechst.

Was ist Schlaraffia?

Die Schlaraffia ist eine von Theaterleuten am 10. Oktober 1859 in Prag gegründete deutschsprachige Vereinigung von Männern zur Pflege von Kunst, Humor und Freundschaft. Von Prag ausgehend hat sich das schlaraffische Spiel rasch verbreitet, so dass sich die Vereinigung im Laufe der Jahrzehnte zu einem weltweiten Bund entwickelt hat.

Die in Europa von Anfang Oktober bis Ende April stattfindenden Zusammenkünfte werden ‚Sippungen' genannt und sind im Stile eines mittelalterlichen Rollenspiels als Persiflage auf die Eitelkeiten der Gesellschaft gehalten. Der Ablauf einer Sippung entspricht überall dem gleichen Muster.

Wenn Sie selbst gerne musizieren, dichten, rezitieren, komponieren oder anderen Künsten nachgehen und sich einige Stunden nicht über Politik, Beruf oder Religion unterhalten wollen, sollten Sie den Kantzler (sic!) des schlaraffischen Vereins in Ihrer Nähe kontaktieren. Er wird Ihnen das Wichtigste mitteilen und Sie herzlich willkommen heißen.

Nähere Informationen finden Sie auch unter www.schlaraffia.org, der Internetseite des Verbandes Allschlaraffia.